更为简单有效的商业思维

REWORK

[美] 贾森·弗里德（Jason Fried）
[丹] 戴维·海涅迈尔·汉森（David Heinemeier Hansson） 著
李瑜偲　秦　昊 / 译

中信出版集团 · 北京

图书在版编目（CIP）数据

重来：更为简单有效的商业思维 /（美）贾森·弗里德，（丹）戴维·海涅迈尔·汉森著；李瑜偲，秦昊译. -- 2 版. -- 北京：中信出版社，2018.6（2024. 1 重印）

书名原文：Rework

ISBN 978-7-5086-8768-1

I. ①重… II. ①贾… ②戴… ③李… ④秦… III. ①商业经营—通俗读物 IV. ① F713-49

中国版本图书馆 CIP 数据核字（2018）第 052247 号

重来：更为简单有效的商业思维

著　　者：[美] 贾森·弗里德　[丹] 戴维·海涅迈尔·汉森

译　　者：李瑜偲　秦　昊

出版发行：中信出版集团股份有限公司

（北京市朝阳区东三环北路 27 号嘉铭中心　邮编　100020）

承 印 者：北京通州皇家印刷厂

开　　本：880mm×1230mm　1/32　　印　　张：8　　字　　数：150 千字

版　　次：2018 年 6 月第 2 版　　印　　次：2024 年 1 月第 9 次印刷

京权图字：01-2010-3140

书　　号：ISBN 978-7-5086-8768-1

定　　价：58.00 元

服务热线：400-600-8099

投稿邮箱：author@citicpub.com

好评如潮

本书是典型的37signals的风格，辛辣、简洁、机智、直接、靠谱……多读几次，能让你勇气倍增，起而行之，去干一番大事业。

——谢家华（Tony Hsieh），美国网上鞋店Zappos.com[①]首席执行官

本书的精彩之处就在于它能让人反思过去习以为常的每一件事，包括战略、客户以及工作方式。

——威廉·C. 泰勒（William C. Taylor），美国著名商业杂志《快公司》创刊编辑，《商业怪杰》的作者之一

对我来说，本书带来了一个新的挑战：我必须努力克制住把书中每一页都撕下来贴在墙上的强烈冲动……令人惊羡、震撼有力、灵感四射——这些形容词看起来像一个忠实粉丝在狂拍马屁，但《重来》真的很有用。读完这本书，迎接你的将是醍醐灌顶

① Zappos.com，美国一家售鞋网站，1999年创立，创始人谢家华是华人。

和动力十足的新鲜感受。

——凯西·西拉（Kathy Sierra），“深入浅出”系列畅销书的创始人之一，javaranch.com[①] 网站创始人

深受启发……我们一直要求用更少的资源去做更多的事情，本书的作者则向我们展示了如何做更少的事情，却创造更多的价值。

——斯科特·罗森伯格（Scott Rosenberg），Salon.com 网站创始人之一，《梦断代码》以及《无所不言》的作者

把神圣不可侵犯的教条都留在象牙塔里吧，让 37signals 中那些不走寻常路的智慧火花和宝贵经验告诉你，如何在 21 世纪取得商业成功。让 MBA 的行话和咨询演讲见鬼去吧，我们要的是实用、可操作的建议，那才是酷玩意儿！

——索尔·卡普兰（Saul Kaplan），商业创新工厂（BIF）主要推动者

阅读本书就像享受一次动人的私人约会，仿佛是身临其境与作者共坐对饮，本书不但睿智、精简，还真正做到了脚踏实地，绝对有别于那些不切实际的所谓“哲学思想”。这本书激起了我挑战现状的欲望。

——佩内洛普·特伦克（Penélope Trunk），《公然野心家：成功新规则》的作者

---

① javaranch.com，新手用于学习 Java 技术的知名网站。——编者注

本书认为，一个组织就像软件中的一部分，可编辑、可扩展、可共享、可容错，对任何测试版都充满信心，可再造。许多作者都以“产品越简单、越傻瓜越好”作为写作信条，而《重来》则批判地继承了这个信条，既做到了智慧的简练，又没有流于平凡。

——约翰·梅达（John Meada），《简单法则》的作者

本书就像它的作者一样，反应敏捷、打破常规、振奋人心。这本书不仅是创业者必读的一本书，更是所有的职场中人都应该学习的一本佳作。

——杰西卡·利文斯顿（Jessica Livingston），美国著名投资公司Y Combinator的合伙人，《创业者》的作者

目录

行动篇 | GO

进阶篇 | PROGRESS

效率篇 | PRODUCTIVITY

对手篇 | COMPETITORS

进化篇 | EVOLUTION

推广篇 | PROMOTION

招聘篇 | HIRING

救灾篇 | DAMAGE CONTROL

文化篇 | CULTURE

总结篇 | CONCLUSION

引言

我们今天要就企业的创建、运营、发展（或停滞）发表一些全新的观点。

本书的观点基于实战打拼的经验，而不是乏味的学术理论。在长达 10 年的时间里，我们的企业经历过两次经济衰退、一次经济泡沫破裂、数次商业模式转变，总有人反复预言我们前途不妙——可我们始终保持盈利。

我们刻意把自己做成一家小公司，只为小企业和小团队开发软件，帮助他们更轻松地完成工作。目前全球有超过 300 万人在使用我们的产品。

1999 年，我们从一个“三人组”的网络设计咨询公司起家。到 2004 年，由于对该行业使用的项目管理软件感到十分不爽，于是我们创造了自己的产品：Basecamp[①]。当我们把在线工具秀给客户和同事们看时，他们众口一词：“我们的业务也要用这个！”5 年后，Basecamp 每年能为公司带来数百万美元的利润。

---

① Basecamp，37signals 公司旗下一款非常流行的基于云服务的项目管理软件，以简单易用和颠覆性创新而出名。——编者注

现在，我们公司还出售其他的在线工具。Highrise 就是我们开发的一款联系人管理软件以及简单的客户关系管理（CRM）系统。如今有数万家小企业用它来跟踪潜在客户、现有交易以及管理上千万份联系人名单。有超过 50 万人已经注册使用我们的 Backpack 软件，这是一款局域网兼知识共享工具。运用我们的企业即时聊天工具 Campfire，人们已经发送了上亿条信息。我们还研发了一个计算机编程框架——Ruby on Rails，让 Web 2.0 世界很大一部分变得更强大。

有些人认为我们是一家互联网公司，这样的说法让我们回避不及。互联网公司素来以疯狂招聘、大把烧钱、华丽落败而广为人知，我们却不这样。我们公司很小（本书出版时止，仅有 16 名员工）、开支甚少、盈利颇丰。

很多人说我们只是侥幸存活，根本没有能力完成我们在做的东西，并劝诫其他人不要搭理我们的建议。甚至有人说我们不负责任、鲁莽行事以及——呼！——不专业。

这些批评家们无法理解一家公司怎么居然会在拒绝成长、唾弃会议、没有预算、踢开董事会、不用广告、远离销售人员和“现实世界”的情况下，依然红红火火。对他们来说，这是问题，对我们来说则不是。他们说你得跟财富 500 强企业做生意。拉倒吧！我们都把产品卖给财富 500 万强企业了。

他们觉得你不可能让员工分散在两个大洲的 8 座城市里老死不相往来地工作。他们宣称，没有财务规划和 5 年计划，企业就不可能成功。一派胡言。

他们断言你需要一个公关公司，在诸如《时代》、《商业周刊》、《快公司》、《纽约时报》、《金融时报》、《芝加哥论坛报》、《大西洋月报》、《企业家》以及《连线》这样的媒体上大力宣传。大错特错！他们说商业秘诀不能共享，技术机密不能曝光，否则就经受不住市场竞争。一错再错！

他们说，你无法和拥有庞大的市场广告预算的大公司一较高下；他们说，产品线不如竞争对手丰富，就不可能取胜；他们说，你不能在经营过程中走一步看一步。但我们恰恰就是这么做的。

他们还说了很多，我们只能说他们是错的，我们的例子就是活生生的证据。我们写作此书的目的，就是为了证明他们是错的。

首先我们要把企业层层拆解，一直分析到骨子里，让大家明白为什么要趁现在赶紧扔掉那些传统的企业运营观念。然后我们会重建一个新的理论，人们可以从中了解到如何开始运作企业、为什么人们需要的资源比想象的要少、何时投放新产品、如何透露消息、什么时候该雇用什么人以及如何掌控全局。

现在，让我们开始吧。

REWORK 开局篇

FIRST

WORK
WORK
WORK
REWORK
WORK
WORK
WORK

↑重来

新的现实

这是一本为与众不同的读者——从不曾抱有创业梦想的平凡之辈到已经成功创立和运营企业的佼佼者——所写的一本不落窠臼的商业书籍。

这本书属于中流砥柱的精英企业家们、商业世界一流的成熟老手们，属于那些认为自己是与生俱来的创业高手、天生领袖的征服者们。

这本书也属于那些不那么热血沸腾的小企业主们，这些人可能并非一流企业家，但仍然把事业作为生活的中心。他们上下求索，想找到一件能让他们做得更多、做得更明智、能一举成功的利器。

这本书甚至还属于那些成天兢兢业业上班，但一直想自己做些事情的人。也许他们热衷于现有的工作，但却对老板感到不爽。也许他们只是觉得厌倦了当前的工作，想做一些自己喜欢的事情并从中获得些回报。

最后，这本书还属于那些从未考虑过自己出去创业的人。也许他们觉得自己不是这块料；也许他们觉得自己没钱、没时间、没信心；也许他们就是害怕当出头鸟；也许他们认为“商业”是个肮脏的词汇。不管出于什么原因，这本书也是为他们而写就的。

让我们直面新的现实吧。今天，任何人都可以创业，过去无法企及的工具如今唾手可得。过去要价好几千美元的技术如今只要几块钱甚至能免费使用。现在一个人能干过去两个人、三个人甚至整个部门的活儿。几年前那些一般人拿不到的材料如今看来也不过如此。

你不必每周花费 60、80 甚至 100 个小时去工作，10~40 个小时已经足够了。你无须耗费毕生的积蓄，也不必担心冒船超载的风险。你完全可以在依靠正职工作带来的现金流养活自己的同时，去创立自己的事业。你甚至不需要一间办公室就能创业，如今人们可以在家工作，或者和千里之外素未谋面的陌生人进行合作。

是时候从头来过了，让我们整装出发吧。

REWORK 卸负篇

TAKEDOWNS

the REAL WORLD

↑忘了“现实世界”

忘了“现实世界”

“这在现实世界中完全行不通。”当你向人们介绍一个新创意时，人们总是这么说。

这个“现实世界”听起来如此令人沮丧，貌似所有的新创意、新提案以及外来概念总是会在“现实世界”中碰壁。在这里，能够立于不败之地的都是那些人们耳熟能详、习以为常的事物，即使这些东西已经漏洞百出或陈腐低效。

撕开这个“现实世界”的遮羞布后，你会发现栖居其中的人们都充满着悲观和绝望的情绪。他们期待看到新概念被斩落马下，他们认为这个社会还没有准备好迎接变革，也无力引发变革。

更糟的是，他们想给其他人灌迷魂汤，让人们也陷进他们的坟墓里。如果你对未来充满期待并野心勃勃，他们就会试图说服你不要为不可能实现的想法去浪费时间。

不要相信他们。这个世界对于他们来说可能是“现实”的，但并不意味着你也要生活在这样的“现实”世界中。

我们了解这一点，因为我们的公司在很多方面就没有通过“现实世界”的测评。在“现实世界”中，你不可能让十几个员工分散在两个大洲的 8 个不同城市办公；在“现实世界”中，你不可能不靠任何销售人员或广告投放就赢得上百万的客户；在“现实世界”中，你不能将自己的成功秘诀透露给其他人。问题是这些我们都干了，并且干得轰轰烈烈。

“现实世界”并不存在，那只是某些人为了开脱自己的无所作为的借口，跟你一点关系也没有。

FAILURE IS NOT A RITE *of* PASSAGE

↑失败不是一场值得期待的仪式

哪来的从错误中学习

在商业社会中，失败成了一场值得期待的仪式。你总能听到“新公司倒闭者十之八九”的说法。你还听说失败能铸造品性。人们常常建议你“早死早超生，失败多经验也多”。

空气中充斥着如此高浓度的失败理论，貌似除了沉沦其中，没有别的办法。千万不要相信这些观念！不要被这些观点愚弄了，其他人的失败仅仅代表其他人栽了跟头而已。

别人的东西卖不出去，与你何干？别人没法凝聚团队，又与你何干？别人的服务定价失当，又与你何干？别人挣的没有花的多……那么，正好你来挣！

另外一种普遍的错误认知是：人要从错误中吸取经验教训。你到底能从错误中学到什么？你能学到的只是不再重蹈覆辙，但这有什么意义呢？你还是不知道下一步该做什么。

相比之下，你更应该从成功中汲取养分。成功才是真正靠得住的教材。做成一件事后，你会知道这条路行得通——然后你就会再次这么做，而下一次，你也许还会做得更棒。

失败并不是成功的先决条件。一份来自哈佛商学院的研究报告表明，那些已经成功的企业家们再创辉煌的可能性远比常人大得多（他们今后创办公司的成功率为 34%）。而那些初次创业就失败的企业家们继续创业的成功率则与初次创业者一样：只有 23%。首战失利的人的成功概率并不比那些从未尝试过的新人高。[①] 成功是一种极具现实价值的宝贵经验。

不必感到惊讶：这就是自然规律。逗留在过去的失败中是无法进化的，进化是建立在成功的基础之上的。你也应该如此。

① Leslie Berlin, “Try, Try Again, or Maybe Not,” New York Times, Mar. 21, 2009.

PLANNING IS GUESSING

↑计划即瞎猜

计划即瞎猜

除非你是个预言家，否则那些所谓长期商业计划就是痴人说梦。你不可掌控的因素太多了：市场环境、竞争对手、客户群体、经济状况，等等。撰写计划会让人感觉自己把握住了某些东西，但实际上这都是完全不可控的。

为什么我们不直截了当地按照计划的本质来称呼它呢？管它叫“猜想”吧。现在我们就开始把你的商业计划称为“商业猜想”，把财务计划叫作“财务猜想”，把战略计划命名为“战略猜想”。现在咱们就可以不用为这些玩意儿操那么多心了。在这方面操心只能得不偿失。

当你把猜想变成计划，就等于走进了危险地带。做计划就是在用过去推动未来，等于给你戴上了眼罩。“这就是我们要做的，嗯，因为我们说过要这么做的。”问题是：计划和即兴发挥不会合拍。

你必须能够即兴发挥，你必须抓住每一个迎面而来的机遇。有时候你得说服自己：“我们要换个新方向了，因为现在这么做比较靠谱儿。”

长期计划中的时间表也纯属无稽之谈。你只有在做一件事的过程中，才能掌握更多的相关信息，没有人能够未卜先知。千万不要在行动之前就做出重大的决定。

这并不是说你应该无视未来，或者不应该对未来的挑战做未雨绸缪的准备。预防练习总是值得去做的，只是不要觉得自己必须把这些问题白纸黑字地写出来，或者为此纠结不休。大多数情况下，人们不会再去多看一眼自己长篇大论写下的计划，篇幅庞大的计划书最终都会成为文件柜里的化石。

放下你的臆测吧，现在就决定你这周要做什么，不必去管全年的计划。只要找出下一项最重要的任务，然后起而行之。在行动开始前的一刻做决定，而不是早早就预先定下某事。

你也可以跳过这个决策过程，直接上飞机走人，到了目的地再去选一件漂亮的衬衣、一个刮胡膏以及牙刷。

无计划地工作看上去挺悬，但是盲目遵循不切实际的计划，后果则更可怕。

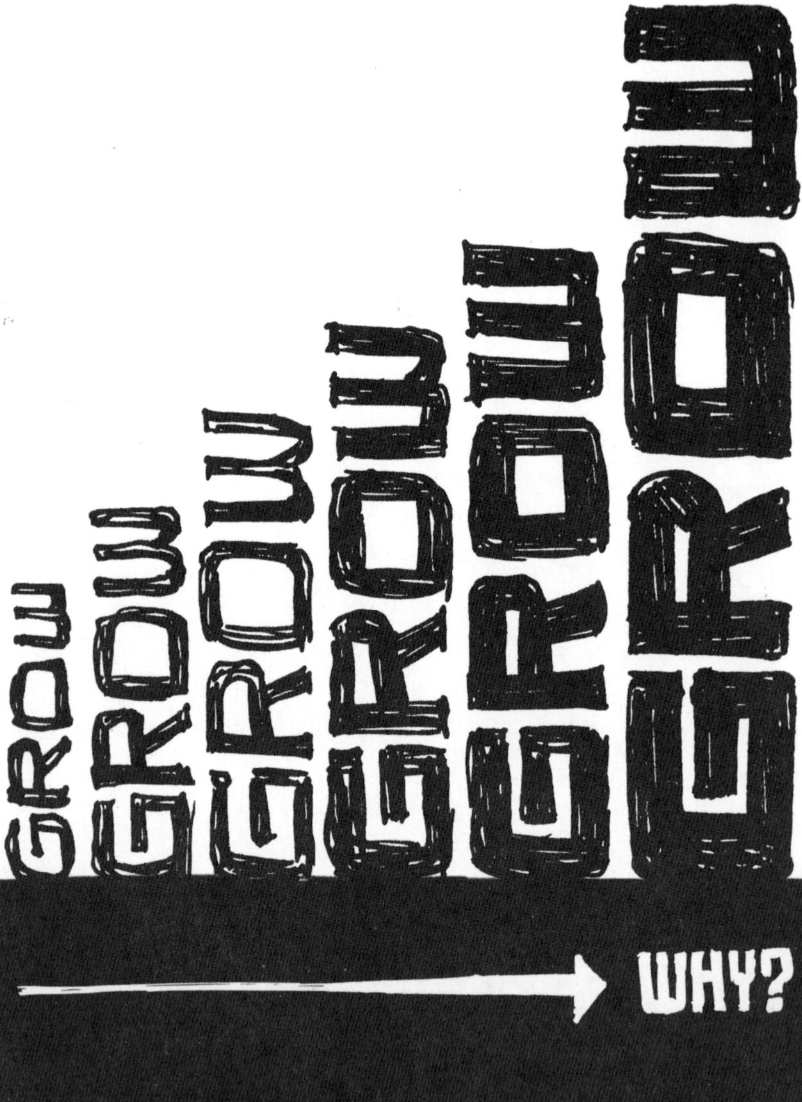

GROW

GROW

GROW

GROW

GROW

GROW

→ WHY?

↑何必壮大?

何必壮大?

人们往往会问:“你的公司有多大?”话题虽小,可人们期待的答案却不是越小越好。这个数字越大,你给人留下的印象就越深刻、越专业、越强大。如果你说你有 100 多名员工,他们会欢呼雀跃:“哇!太棒了!”如果你的公司规模不大,你就会听到言不由衷的话语:“哦……还不错啊。”前者是恭维,而后者仅仅是礼节而已。

为什么会这样?与企业成长和业务有何关联?为什么人们总把扩张当作奋斗目标?除了满足虚荣心外,“大”还有什么好处?(你最好能给我一个比“规模经济”更好的答案。)选择并保持合适的规模又有何不妥?

我们会不会对着哈佛和牛津指手画脚说:“如果它们能扩大规模、开设分校、广聘名师、全球运营、开立分校……之后,它们就能成为伟大的学校。”当然不会。这些都不是我们评估名校的标准。那又为什么要用这些标准来衡量一个企业呢?

也许你的公司的最佳规模就是 5 个人,也可能是 40 个人,也可能是 200 个人。也没准儿只要你一个人加一台笔记本电脑就成。不要提前幻想自己要做到多大规模,要慢慢发展,走一步看一步——时机未到就大肆拉人入伙的做法使很多公司走上了绝路。同时还应该避免井喷式成长——这会使你扩张过头,错过最佳规模。

小公司并不只是一块跳板。小公司本身就是一个伟大的目标。

你有没有发现小公司都想要变大,而大公司却梦想变得更敏捷、更灵活?记住,一旦公司做大了,要想再缩小,就在所难免地要进行裁员、打击士气，还要完全改变业务模式。

你完全没有必要把向上爬作为你的目标。我们要谈的也不只是你的员工人数，还包括你的花销、房租、IT（信息技术）设施、办公家具，等等。这些事情并不会主动找上你，而是由你自己决定要不要背上这些东西。如果你决定带着它们上路，也就等于是扛着新的麻烦出发。由于背负了庞大的开销，你只能强迫自己创立一种很复杂的业务模式——它运营起来更加困难、更加紧张。

不要因为瞄准小公司就觉得缺乏安全感。无论是谁，只要他所运营的公司能够持续发展、保持盈利，不管规模大小，都是值得骄傲的。

↑ 工作狂

工作狂

沉迷工作是企业文化中广受赞颂的一种“优良做派”。我们知道工作狂热衷于通宵达旦、加班加点，甚至在办公室打地铺。这些人以累死在项目中为荣，对他们来说，再大的工作量也不在话下。

工作狂的行为不但没有必要，而且愚蠢至极。过多的工作并不代表你对项目更关注，也不代表你做了更多贡献，这仅仅意味着你干了更多活儿而已。

工作狂能够解决一些问题，但他们制造的麻烦却更多。

首先，这种工作状态经不起时间的考验。当职业倦怠感袭来时——这一点基本上不可避免——你根本没法“软着陆”。工作狂往往不得要领。他们花费大把时间去解决问题，他们以为能靠蛮力来弥补思维上的惰性，其结果就是折腾出一堆粗略无用的解决方案。不仅如此，他们甚至还凭空制造出危机来。这些人从不寻求高效解决之道，因为他们恰恰就“钟情于”加班加点。这让他们感觉自己像个英雄，并沉迷其中。他们（通常是无意识地）制造问题，看似这样就能享受更多的工作了。

工作狂的存在使那些不以加班为乐的员工感到无所适从。在工作狂扎堆的企业环境里，就连“按时上下班”都让人觉得是一种无理要求了。这种文化令正常工作的员工心怀愧疚、士气低落。不仅如此，人们还会因此陷入一种“跟风”状态——每个人都在义务加班，根本就不管到底有没有生产力。

如果你只是为工作而工作，那么你就会丧失判断力。你的价值观和决策方式都是扭曲的。你没有能力去判断哪些工作值得做、哪些工作该放弃，最后搞得自己筋疲力尽，而一个筋疲力尽的人是无法做出明智的决定的。

最后，工作狂实际取得的成就并不比正常人高。他们自诩为完美主义者，但这仅仅代表他们浪费了大量时间去关注次要的细节，而不是推动下一项任务。

工作狂不是英雄。他们没有力挽狂澜，不过是浪费时间而已。真正的英雄早已想出办法、搞定一切，然后回家了。

STARTER!

↑成为创始人

受够了“企业家”

让“企业家”这个过了气的称谓退出历史舞台吧，它已经背负了太多沉重的负担。它给人的感觉就像是一个实行会员准入制度的私人俱乐部，不是谁都能进的。我们应该鼓励每一个人都去开创自己的事业，不要让这等好事只落在那些凤毛麟角、自认为自己才是企业家的人头上。

有这样一群新生代开始走出来创业了。尽管他们获利，但谁也不认为自己是企业家。他们当中的很多人甚至不认为自己是企业主。他们只是在用自己的方式做自己喜欢做的事情，并从中获得回报。

那么，让我们把这个听起来很好的称谓替换成一个更加脚踏实地的说法吧，不要再叫别人企业家了，管他们叫创始人吧。每个创立了自己事业的人都是创始人。你不需要拥有 MBA 头衔、资质证书、西装革履以及公文包，甚至无须承担常人所不能承受的风险。你所需要的只是一个创意，加一点点自信，以及一点勇气，就可以启程了。

REWORK 行动篇

GO

MAKE A DENT IN THE Universe!

↑在宇宙中留下你的足迹

在宇宙中留下你的足迹

欲成大事，就要让自己与众不同，要在宇宙中留下有意义的一笔，要让世人知道你在做的是一件重要的事情。

你不必去攻克癌症，只要冲着有价值的方向去努力，要让你的客户说："这个东西让我的生活变得更美好了。"如果你不做这件事了，人们就会觉得不对劲。

同时，做这件事，你还要有紧迫感。人的一生是有限的，而这件事就应该是你愿意毕生而为的工作。难道你愿意终生复制别人的产品或者只是搭配、组合别人发明的东西吗？你应该创造你独有的传承。不要只是坐在原地等着别人来为你做出改变，不要以为你得需要一个大团队才能做出一番别样的事业来。

看看网站 Craigslist 吧，这家颠覆了传统的分类广告业务的著名网站，其员工人数只有区区几十人而已，而公司每年的收入却达到了几千万美元，是互联网上最受欢迎的网站之一，给整个报刊行业带来了重大打击。

马特·德拉吉打造的德拉吉报道（The Drudge Report），只是他自己一个人运营的一个简单的网页而已，然而这个简单的网页却对新闻行业带来了深远的影响——电视从业者、电台脱口秀主持人以及报社记者都将其视为发掘新故事的"必去之地"。①

要做就做举足轻重的事情，这些小人物发迹于草莽，却破坏了已经存在了数十年的传统模式。你也能在自己的行业里做出同样的壮举。

---

① Jim Rutenberg, "Clinton Finds Way to Play Along with Drudge", 2007 年 10 月 22 日发表于《纽约时报》。

SCRATCH YOUR OWN ITCH

↑挠自己的痒处

挠自己的痒处

想要创造一个伟大的产品或某项卓越的服务，最简单直接的办法就是做你自己想用的东西。设计你了解的产品——你就能很快发现它到底好不好用。

在37signals，我们为自己的业务需要来开发产品。例如，我们需要一个软件来跟踪记录我们和谁交流过、说了什么以及何时需要下一步的跟进。于是我们开发了自己的联络管理软件——Highrise。不需要核心团队、市场调研，也不需要经纪人。就像是自己觉得身上痒痒了，就自己挠挠。

一旦发明一种产品或服务，你每天就得为上百个微不足道的决策去劳神费力。如果是帮别人解决问题，就会像瞎子一样在黑暗中不断摸索。但如果你解决的是自己的问题，希望之光就出现了。你非常清楚怎样做才是正确的。

詹姆斯·戴森（James Dyson）就是一位自产自销的发明家。当他打扫房间时，发现袋式真空吸尘器总是失灵——灰尘总把袋子里的气孔堵塞，阻断气流。这不是随便什么人凭空想象出来的问题，恰恰就是他本人的亲身经历。为了解决自己的问题，世界上第一个免纸袋涡卷式真空吸尘器诞生了。[①]

维克·福尔兹（Vic Firth）在波士顿交响乐团演奏定音鼓时，突发

---

① 詹姆斯·戴森于1978年发明了戴森真空吸尘器，这里是有关他的趣闻：www.ideafinder.com/history/inventors/dyson.htm

奇想要做一只更好的鼓槌。当时市面上卖的鼓槌都不能达到预期的表演效果，于是他就开始在自家的地下室制作鼓槌并进行销售。然后，有一天，他把一只鼓槌掉在了地上，听到每一只鼓槌的声音都不一样，从那时起，他就开始按照含水量、重量、密度以及音高来配对鼓槌，确保每一对鼓槌都能达到最佳适配水平。结果就有了他如今的产品口号："绝配的一对。"维克·福尔兹的工厂每天至少要生产 85 000 只鼓槌，市场占有份额达到 62%。[①]

田径教练比尔·鲍尔曼（Bill Bowerman）认为他的队员需要更好、更轻的跑鞋。于是他走出训练场，在工作室里尝试着往家用蛋奶烘饼模具里注入橡胶，耐克最著名的铁模鞋底便应运而生了。[②]

这些人解决了自己的燃眉之急，同时也发现了他们的需求背后隐藏着一片巨大的市场，这就是你应该去做的。

自产自销的好处还在于，你可以快速直接地评估产品的质量，而不需要去了解别人的反馈意见。

玫琳凯化妆品的创始人玫琳凯·瓦格纳（Mary Kay Wagner）就是通过亲身使用才确定她的护肤品的质量是一流的。她是从一家本地的美容师那里得到这个产品的，这位美容师在家调制秘方，专为患者、亲属和朋友服务。当这位美容师过世后，瓦格纳从这家人手里买下了秘方。她不必组织测试团队来试用产品，也无须做任何市场调研，只要看看自己的皮肤就好了。[③]

---

① Russ Mitchell, "The Beat Goes On," CBS News, Sunday Morning, Mar. 29, 2009, www.tinyurl.com/cd8gjq

② Eric Ransdell, "The Nike Story? Just Tell It!" Fast Company, Dec. 19, 2007, www.fastcompany.com/magazine/31/nike.html

③ "Mary Kay Ash: Mary Kay Cosmetics," Journal of Business Leadership 1, no. 1 (Spring1988); American National Business Hall of Fame, www.anbhf.org/laureates/mkash.html

这种“解决自己实际问题”的方法最大的优势就在于能让你爱上自己的产品。你十分了解其中存在的问题以及其价值所在。除此之外别无他途。毕竟你（很有可能）会为这件事奋斗很多年，甚至付出余生，所以，最好还是做自己真正关心的东西。

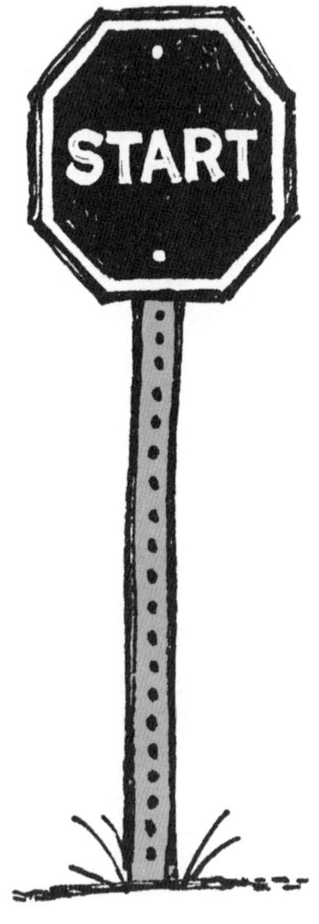

↑着手做点什么

着手做点什么

我们身边总会有这样的朋友，自怨自艾感叹命运不公："我对 eBay（易贝）早有创想，可惜当初没有下手，否则我现在也是个亿万富翁了！"这个逻辑很可悲，也很虚妄。你头脑中有 eBay 的创意和你实际去创建 eBay 那是一点关系也没有的。在你的人生中真正有意义的是你做了什么，而不是你想过什么、说过什么或者计划过什么。

你觉得自己的想法很有价值？那么就试着把它卖掉，看看能有什么收获。基本上你什么也得不到。想法如果不付诸实施，那就永远只能是一个想法而已，每个人都有奇思妙想。

斯坦利·库布里克（Stanley Kubrick）曾经这样激励电影制片人："找个摄像机和一些胶片吧，随便拍个什么样的片子出来都成。"① 库布里克明白，当你刚开始一项工作时，你必须开始创造自己的东西。最重要的事情就是起而行之。所以，拿起摄像机，灌张唱片，开始拍摄吧。

创意这玩意，价廉物美，应有尽有。最开始的鼓槌音高的创意也不过是业务中几乎可以被忽视的极小一部分。真正的问题在于你执行的好坏。

---

① Stanley Kubrick—Biography," IMDB, www.imdb.com/name/nm00004o/bio

↑ “没时间”不是借口

“没时间”不是借口

人们最常用的借口就是：“时间不够。”他们声称自己非常想开一家公司、学习一种乐器、推广一项发明、写一本书，等等，但就是没有时间去做。

拜托，只要你善加利用，时间总是有的，你也根本无须辞职去做什么事情，白天好好上你的班，晚上再来干你自己的私人项目就好了。

把看电视或玩“魔兽”的时间腾出来完成你的创意；把 10 点上床改成 11 点上床，我们不是怂恿你通宵达旦或一天干足 16 个小时——我们要说的是，每周匀出一些业余时间来，就足够你去做些事情了。

一旦这样去做了，你就会明白自己的激情和兴趣到底是真心实意，还是三分钟热度。万一不成，你照样回去每天上你的班就好了。不必承担任何风险，没有任何损失，只是浪费了一点时间而已，还是挺划算的。

当你拥有某种极强烈的渴望时，你就能挤出时间来——不管你身上是否还背负着其他责任。事实上，大部分人的渴望并不是那么强烈。于是他们拿时间当借口来进行自我保护。不要再扔出一堆借口来妄图脱身了，你的终极职责就是让你自己的梦想成真。

另外，永远不会有正当其时的时候，你总会觉得要么年纪太轻，要么太老，要么太忙，抑或是其他什么原因。如果你总是为找不到完美的时刻而困扰，那么，完美的时机永远不会出现。

DRAW a LINE

IN THE SAND

↑画沙为界，立场明确

画沙为界，立场明确

起步之后，你必须一直牢记自己到底为什么要做这件事。有主见方能成大事，创业并不只是一个产品或一项服务那么简单。你必须心怀信念，要有主心骨，要了解自己到底是为什么而奋斗，并且要让世人明白你的信念。

坚定的信念能为你赢得超级粉丝，他们会唯你马首是瞻，会舍身保护你，他们充满激情的口碑传播将胜过世上的一切广告。

强大的主见也是要付出代价的。在这个过程中你得解雇某些人，他们会诋毁你，说你傲慢、冷漠。没办法，这就是人生，有人喜欢你，就会有人憎恨你。如果你的说法没有引起任何人的心烦意乱，只能说明你的推广力度可能不够。（也可能代表你比较无趣。）

很多人讨厌我们，因为我们的产品功能不像竞争对手那么多。因为我们拒绝在软件中添加他们宠之有加的特色功能，而让这些人恼羞成怒。然而，对于我们来说，我们的产品所不能处理的和我们的产品所能处理的一样令人感到骄傲。

我们追求简洁的设计，因为大多数软件都过于复杂：太多特性、太多按钮、太多困惑。我们要做与之不同的软件。如果我们的产品无法适合所有人，没有关系，我们愿意为了那些更加深爱我们产品的客户而放弃另一部分客户。这就是我们的立场。

如果连你都不知道自己到底相信什么，那么一切都会成为悖论，你做任何事情都能被人反驳。然而，一旦你的立场坚定了，那么该如何决策就显而易见了。

例如，全食超市（Whole Foods）坚持向顾客销售最优质、最天然的有机食品。他们绝不会浪费时间去一遍遍地讨论该如何决策。没有人会问：“我们能卖些含有人造香料的产品吗？”毋庸置疑，答案非常明确。这就是人们在这家公司买不到可口可乐或士力架的原因。

这种信念就意味着全食超市出售的食物更昂贵。有反对者甚至称其为“全额支票”（Whole Paycheck），并讥笑那些光顾该食品店的人。但那又怎样？全食超市的生意照样出奇地好。

另一个例子是坐落在芝加哥街头的维尼夹馅面包店（Vinnie's Sub Shop），就在我们公司楼下。他们在优质的面包（一种类似于赛百味的夹馅面包）上涂抹自制的罗勒酱，然后出售。想要吃他家的面包，你最好早点儿去。想知道他们啥时候关门？柜台里的女士会告诉你：“面包卖完了我们就收工。”

真的吗？“没错！我们都是一大早从街边的面包房进货，拿最新鲜的面包回来做原料。这批面包一卖光（通常是下午 2~3 点），我们就关门。我们当然也可以再去进一批面包回来接着做生意。但这批面包就不如早上的新鲜了。如果面包不新鲜，就做不出绝味的三明治。如果不能卖让我们倍儿有面子的食物，那赚再多钱又有什么意思呢？”

和街头的普通三明治餐厅相比，你是不是更愿意到这样一家店里就餐呢？

LIVE IT OR LEAVE IT!

不可能的宗旨

在“真正坚定立场”和“在宣言书中声称自己秉持某种立场”之间，是有天壤之别的。你知道，那些“提供最佳服务”的标语，仅仅是人们做出来贴在墙上的噱头。这些口号听上去虚情假意、脱离现实。

假设你站在一家汽车租赁公司里，房间里很冷，地毯很脏，前台没有人，然后你看到一张皱巴巴的、贴着剪贴画的纸张贴在公告栏里，上面写着公司的宗旨：

> 我们的任务是提供轿车及商务车出租、租赁、销售等客户所需的服务。我们要提供超出客户预期的服务、品质和价值。
>
> 我们将努力赢得客户的长期信赖。为此我们将为客户提供承诺的服务，力求公平和诚信，我们愿意为了打造独特的个性化服务和令人愉悦的客户体验而多行一步。
>
> 我们将支持员工的发展和个人成长，并对员工的成就和贡献给予丰厚的回报，以激励员工努力为客户提供独到的服务。[1]

这些“宗旨”就这样喋喋不休地继续着，你坐在那里一边读着这些废话一边寻思：“他们当我是傻子吗？”纸上的那些东西和现实体验完全不搭界。

---

① Mission, Enterprise Rent-a-Car, http://aboutus.enterprise.com/who_we_are/mission.html

这就好像是当你打电话到一家公司时，接线的是一个语音应答机，不断地在电话那头告诉你他们公司如何如何重视客户。果真如此？那就多雇些技术支持人员好了，不要让人在电话边苦等30分钟后才获得帮助。

或者一言不发也行，就是别拿一个自动语音应答机来糊弄我，说你们有多关心我。那不过是个机器人而已。一种是真情实意，另一种是被设定成只说好话的机器人，我非常清楚这其中的差别。

坚守某种信念并不仅仅是把它写下来。不但要相信这种信念，还要让它成为你的生活方式。

↑万不得已不筹资

万不得已不筹资

创业之初的问题之一就是：种子资金从哪里来？人们常常认为需要从外部筹钱。如果你创办的是一家工厂或是一家餐厅，那么你可能的确需要引进外部资金。但是很多公司根本不需要花这么多钱去铺设基础设施——尤其是在今天。

如今我们身处服务型经济的大潮之中。想要从事服务行业（例如，咨询、软件公司、婚庆策划、平面设计以及数百种其他行业），门槛已经相当低了。如果你想创办一家这样的公司，千万别花别人的钱。

事实上，不管你创办的是什么类型的企业，都要尽可能少花别人的钱。花别人的钱听起来很美，实际上是你落入了圈套。理由如下：

失去控制权。花别人的钱就得听人家的。一开始大家一团和气，还不错。但是接下来会发生什么？你创立自己的事业就是为了听别人指手画脚吗？用别人的钱只会让你束手束脚。

“套现离场”的想法会压倒“创建优秀公司”的梦想。投资人想拿回他们的钱——越快越好（通常是 3~5 年）。一旦合伙人脑子里只想着快点把钱套现出来，长期的可持续发展就成了泡影。

用别人的钱容易上瘾。再没有比花别人的钱更痛快的事情了。但是等你花光了再去要时，每去一次，他们就会从你手中多拿走一些股份。

融资都不是好买卖。当你刚刚起步时，在谈判中完全没有优势。在财务交易中往往举步维艰。

客户不再荣登“图腾柱”。花别人的钱，会使你的事业最终去迎合投资人，而不是客户。

筹钱极其费神。融资是一件困难重重、耗费精力的事情。得花费数月时间开会讨论、研究法律、签订合同，等等。这些烦琐的事情会浪费你大量的精力，而这些时间本来就应该被用于创建伟大的事业。

真的很不值。我们一次又一次地听说那些企业老板对选择这条路感到后悔不已。他们的融资血泪史大同小异：一开始，你得到的承诺是钱很快就能到位。但是当你开始和投资人以及董事会谈判时，你就会有种“可恶！我到底在这干什么？”的感觉。现在是由别人来发号施令了。

在把脖子伸进绞索之前，赶快找点其他法子吧。

DO YOU

REALLY

NEED?

↑你真的需要吗?

你的需求没有想象的那么多

你真的需要雇 10 个人吗，还是先雇 2~3 个应付当前局面就可以了？

你真的需要 50 万美元吗，还是目前只要 5 万或 5 000 就够了？

你真的需要花 6 个月时间吗，还是可以同时进行两件事情？

你真的需要一间大办公室吗，还是可以暂时和别人共用一间办公室或在家办公？

你真的需要一个仓库吗，还是可以租一个小的存储室（也可以利用你的车库或地下室）或是把这部分工作完全外包？

你真的需要投放广告或聘请公关公司吗，有没有其他方法进行推广？

你真的需要建一个工厂吗，还是可以让其他人来生产你的产品？

你真的需要会计吗，还是可以自己用 Quicken[①] 软件记账？

你真的需要 IT 部门吗，还是可以把这部分工作外包？

你真的需要招一个全职的技术支持人员吗，还是你可以亲力亲为？

你真的需要开一家零售店吗，还是可以在网上销售？

你真的需要漂亮的名片、公司信笺和产品图册吗，还是可以先放弃这些？

---

① Quicken，一款家庭及个人财务管理软件，可管理个人及家庭日常收支、银行卡、支票、信用卡及税务等财务信息，功能丰富、操作简单。——编者注

现在你明白我的意思了？也许你最终需要去走大手笔、高消费的路线，但不是现在。

节俭不是罪过。当我们推出第一个产品时，是非常节省的。我们没有自己的办公室，得和其他公司共用办公空间。我们没有一堆服务器，只有一台。我们没有做广告，只是通过网上经验分享来传播。我们没有雇专人来回复客户邮件，公司的创始人亲自答复客户邮件。一切都运作良好。

伟大的公司基本上都起于微末。你的也一样。

↑创业

要成就事业，不能只是创业

啊，创业了！有这样一种公司，他们在启动的时候往往备受瞩目（尤其是在科技领域）。

创业是一块神奇的地域，创业的时候，花钱是别人的事情，令人烦恼的收入问题也不会在此时来败兴。你可以在初创时期一直花别人的钱，直到你找到自己的盈利之路。此处不讲求经营法则。

这个神奇之地的问题在于，它是个神话。而真相是业务不论新老，都是由相同的市场力量和经济规则所主导。人们得创造收入、承担花销，公司要么盈利，要么倒闭。

有些创业公司会无视这一现实。这些公司的经营者们努力拖延着，不愿意面对那些不可避免的现实，例如，成长、盈利、成为一个真正能够可持续发展的企业。

任何人如果在创业初期抱着“我们以后会想到办法赚钱”的态度，他们的创业终将成为笑谈。这就好像在开始制造太空船时，自欺欺人地说“让我们假设地心引力不存在”一样可笑。无法通往盈利之路的事业不能称为事业，只是嗜好。

所以，创业之初不要有任何依赖思想。相反，要创立真正的事业。真正的事业永远与现实的问题息息相关，比如说账单和员工薪水。真正的事业从创始的第一天开始就要求你去操心如何盈利的问题。真正的事业拒绝创业者用“没关系，创业嘛！”这样的借口去掩盖深层次的问题。一开始就要去做真正的事业，这样才能大大提高成功率。

you need a
COMMITMENT
STRATEGY
NOT
AN EXIT
STRATEGY

↑你需要的是承诺策略，而不是退出策略

破釜沉舟

还有一种说法也十分常见："你的退出策略是什么？（万一不成功，你怎么办？）"甚至在你刚刚准备起步时就会有人这样问你。一个连事业都没创立起来的人，就在考虑如何拔腿逃跑，到底在搞什么？至于那么着急吗？还没有进去就想着怎么出来，这种逻辑不是一般的混乱！

你会和一个计划着如何跟你分手的人谈恋爱吗？你会在第一次约会时就写离婚协议吗？你会在婚礼当天的早上去约见办理离婚案件的律师吗？荒谬至极，对吧？

你需要的是承诺策略，而不是退出策略。你应该考虑的是如何把项目做起来，而不是如何跳船逃生。如果你的整个策略都是建立在逃跑的基础上，那么你一开始就不会走得太远。

那么多有抱负的商人都把希望寄托在卖掉自己的公司上。但是能被收购的可谓少之又少。想要被财力雄厚的大公司看中，卖上一个好价钱？这样的机会十分渺茫，也许是千分之一？或者是万分之一？

另外，当你怀着被收购的想法去创业时，你强调的重点就是错误的。你关注的是谁会来收购你，而不是如何让客户喜欢上你。为这种事情去操心简直就是大错特错。

假设你不接受我们的这些建议，就是要去做这么一个跳板。你创立了自己的公司，然后把它卖掉了，你拿到了一大笔钱，接下来怎么办？移居到一个小岛上整天喝着朗姆酒度日？你真的会满足于这样的生活吗？你确定你更喜欢这样过日子，而不是去经营一家你真正喜爱并信赖的企业？

正是由于这样的原因，我们常常听说有些老板卖掉了自己的公司，退休 6 个月后，又重返市场继续战斗。他们怀念那些已经失去的东西。而且，他们再次创办的企业，往往都不如第一次创办的好。

不要重蹈他们的覆辙。如果你真的想努力做有奔头的事，那就不要放手。天上掉下的馅饼不会一直砸在你头上，不要让你的大好事业成为别人的嫁衣。

- 租约
- 长期合约
- 资产
- 会议

轻装上阵

一定要轻装上阵。此时，你正处于最小巧、最轻松、跑得最快的阶段。从现在开始，你会在接下来的旅程中背上种种负累。一个物体越大，想要改变它的运行轨迹就越费劲。物理世界中的规则在商业世界中同样适用。

负担来自……

- 长期合约
- 人员过剩
- 永久性的决定
- 会议
- 烦琐的流程
- 资产（物理上和精神上的兼而有之）
- 被硬件、软件和技术“套牢”
- 长期路线图
- 办公室政治

不论何时都不要把以上枷锁套到自己的脖子上。这样，你的公司才能保持灵活、易于转向。变革成本越高，你就越难做出改变。

航母级的公司想要做出改变，得花上很多年的时间。他们说得多、做得少；会议多、实干少。但如果你始终保持轻装上阵，就能快速做出改变，包括你的整个业务模式、产品、特性设置以及 / 或者营销手段，一旦出错，都能够很快修正。还能随需改变优先级、产品组合或关注点。最重要的是，你可以随时改变主意。

REWORK进阶篇

PROGRESS

LESS
IS A
GOOD
THING

↑ “少”并非坏事

条件受限是好事

“我没有足够的时间 / 钱 / 人手 / 经验。”不要再做无谓的抱怨了，“少”并非坏事。“条件受限”貌似缺陷，实为优势。有限的资源能激发你在现有条件下完成任务的能力。没有一点浪费的空间，一切都需要你发挥最大的创造力。

见过囚犯用肥皂或汤勺制作武器吗？他们是“物尽其用”的典范。我们不是怂恿你出去砍人——只是希望你能发挥自己的创造力，并最后折服于自己“小材大用”的能力。

作家们常常自我限制，并将其当成是激发创造力的源泉。莎士比亚沉迷于十四行诗的限制中（一种抒情诗，以抑扬格五音步做成，有特定的押韵格式）。俳句和五行打油诗也是在严格的格式限制上激发出了作者的无尽创意。像欧内斯特 · 海明威（Ernest Hemingway）[①] 以及雷蒙德 · 卡佛（Raymond Carver）[②] 这类的作者就发现，坚持使用简单直白的语言能为作品带来强大的冲击力。

“价格猜猜猜”（The Price Is Right）作为美国历史上风行时间最长的一档电视节目，就是“从窘境中激发创意”的经典案例。该节目包含 100 多个游戏，每一个游戏都是建立在同一个问句的基础上：“这样东西值多少钱？”这个简单的公式在长达 30 多年的时间里吸引了

---

① 欧内斯特 · 海明威（1899 年 7 月 21 日—1961 年 7 月 2 日），美国作家和记者，被认为是 20 世纪最著名的小说家之一。——编者注

② 雷蒙德 · 卡佛（1938—1988），“美国 20 世纪下半叶最重要的小说家”和小说界“简约主义”大师。——编者注

无数粉丝。

西南航空公司——和许多其他拥有多种机型的航空公司不同——只飞波音737机型。其结果是，西南航空公司的每一名飞行员、空乘人员以及地勤人员都能够处理每一个航班的问题。此外，西南航空所有飞机的配件都是通用的。这就意味着成本降低了，同时业务运营难度降低了。他们自己就能够轻松搞定所有问题。

当我们开发 Basecamp 软件时，也面临重重限制。我们让一家设计公司来为现有的客户服务，产品的主要负责人和我们有 7 个小时的时差（戴维在丹麦做编程工作，其余的人都在美国），我们的团队规模很小，没有外部投资。这些限制让我们必须力保产品的简洁性。

如今，公司的资源和员工人数都有了增长，但是我们仍然主动做出限制。每个产品同时只能有 1~2 个人去设计。我们还尽量精简产品特性。这样的自我打压能防止我们生产出臃肿的产品来。

因此，在你高唱“始终不够”的悲观论调之前，请试试看自己利用现有的资源能走多远。

YOU'RE BETTER OFF

with a

KICK-ASS

HALF

than a

HALF-ASSED

WHOLE

↑慢慢做一件正事要胜过毛毛躁躁做一堆傻事

与其做个半成品，不如做好半个产品

同时做 *N* 件事情的结果就是：一大把绝妙的点子最后被转化成一个蹩脚的产品。人不可能同时做所有的事情，并把事情做好。你的时间、资源、精力、注意力都是有限的。一次做好一件事就已经不容易了。想一次做十件事？拉倒吧！

有舍才有得，砍掉多余的野心，你就会发现慢慢做一件正事要胜过毛毛躁躁做一堆傻事。

毕竟，在有远见的人看来，大多数令人引以为傲的点子，其实都没有那么伟大。再说了，如果这些点子真的很不错，以后再下手也不迟。

很多东西都是越简短越好。导演们会为了制作出伟大的影片而剪掉精彩的片段，音乐家会为了优秀的专辑而牺牲好听的歌曲，作家会为了写出精品而删掉还不错的篇章。我们也在本书最终定稿之前，砍掉了大约一半的内容，从 57 000 个单词变成了 27 000 个单词。相信我，这样感觉好很多。

拿起斧子动手砍吧。为了一个“伟大”的起点，让我们把那些“挺不错”的枝节给砍掉吧。

START

↑从核心出发

从核心出发

当你开始着手做一件事情时，总有一些力量将你拉向不同的方向。这当中包括你能做的、你想做的以及你必须做的事情。你应该从必须做的事情开始下手，即从核心出发。

例如，如果你想开家热狗摊，你可能要考虑调味品、售货车、名称、装饰，等等。但是最应该关注的是热狗。热狗就是中心，其他事情都退而次之。

寻找中心的方法就是问自己："如果把这样东西去掉了，我还做得成买卖吗？"你可以不要洋葱、不要调味品、不要芥末……但一家热狗摊肯定不能是一家没有热狗的摊子。也许有人不喜欢你这种没有浇料的热狗，但你仍然是个卖热狗的。而没有了热狗，你连卖热狗的都不是。

所以，要判断出你的事业的中心。在你的创业等式中，哪个部分是绝对不能被拿掉的？如果有些东西即使没有了，你也能把事情干下去，那这些东西就不是事业的中心。当你发现事业的中心时，你就会恍然大悟，然后你应该把所有的精力都集中在这个中心上，把它做得越强越好。这是你未来成功的基础。

↑先把基础打牢

不要过早关注细节

建筑师们从来不会过早去操心浴室要铺什么样的瓷砖、厨房要安装什么牌子的洗碗机，这都是在平面图确定了以后才需要考虑的事。他们深知这些细节应该放到以后去考虑。

你也应该用同样的方式来处理你的想法。细节会导致差异，但过早纠结于细节则会引来异议、多如牛毛的会议以及延期。你会迷失在不重要的环节中，浪费时间去做一些迟早要变的决定。因此，请忽略细节——至少是在一段时间内。先把基础打牢，再去操心其他的事情。

当开始设计规划时，我们会用大号粗体白板笔——而不是圆珠笔——把想法大致描绘下来。为什么呢？圆珠笔太完美了，分辨率太高了，会让你不自觉地去关注那些还不需要关注的东西，比如如何美化底纹、是用虚线还是用实线，等等，结果让你把注意力放在次要的事情上了。

用白板笔可不能进行这种深入的描绘。你只能用它来画形状、线条、方框。这就够了。你在起步阶段要操心的就是综观全局。

沃尔特·斯坦奇菲尔德（Walt Stanchfield），身为迪士尼工作室的著名绘画师，曾经鼓励他手下的漫画师们在一开始时要“忘掉细节”。理由是：在初期，关注细节不会给你带来任何好处。[①]

此外，你只有在真正开始后，才能认清到底哪些细节才是最重要的。到那时你才能看清哪些方面需要多花些时间。缺什么补什么，不要操之过急。

---

① Walt Stanchfield, Drawn to Life: 20 Golden Years of Disney Master Classes, vol. 1, The Walt Stanchfield Lectures, Oxford, UK: Focal Press, 2009.

DECISIONS

are

PROGRESS

↑做出决定就是取得进展

做出决定就是取得进展

当你推迟决定时，事情就会堆积起来，最后落到被遗忘、被草草处理或是被抛开的下场。结果，这堆问题仍然没有一个得到解决。

只要有可能，就不要说“让我们考虑一下”，而是“让我们做决定吧”。主动做出决定，不要苦等最佳方案，要积极决策、果断前进。

你要让自己进入“选择”进行曲中，当你进入状态，开始一个接一个地做出决定时，就为自己的事业注入了动力、鼓舞了士气。决定就是进步。你做的每一个决定都构成了伟大事业的基础。事业不是建立在“回头再说”之上，而是建立在“搞定”之上的。

一旦为了等待完美答案而推迟决定，问题就会接踵而来。而那个完美答案却迟迟没有出现。今天做决定或明天做决定，结果没有什么不同。

在我们的领域中有过这样一个例子——很长时间以来，我们都拒绝建立子公司来销售我们的产品，因为“完美”的解决方案看起来太过复杂：需要自动支付、邮寄支票、为海外子公司去研究外国税法等。这个挑战的突破口来源于我们给自己提出的一个问题：“我们现在有什么办法能够轻松解决问题呢？”答案是：用信用卡，而不是用现金给子公司结账。我们当时就是这么做的。

我们这么做了一段时间，后来，终于用上了一套现金支付系统。这也是很重要的一点：你不会靠一个决定过一辈子。如果当时的决定不合适，以后还可以改。

做多少计划不重要，人总是难免犯错。不要因为事前的过度分析和犹豫不决而把事情搞砸。

项目周期过长会打击士气。项目开发时间越长，成功的可能性越小。只要有足够的动力和士气，就要趁热打铁，积极决策，果断推进，当下就把事情做出来。

当好博物馆长

一个伟大的博物馆，不必在一间房子里挂满全世界的艺术品，那不是博物馆，是仓库。真正成就一个伟大博物馆的，是那些不在墙上展出的物品。要是有人不认同，这就要请博物馆长出面，清醒地决定哪些东西该留下，哪些东西该放弃。这是一个取舍的过程。从墙上取下的东西比留在墙上的东西多得多。最好的选择就是多种选择条件筛选后得出的交集。

真正有意义的是那些挂在墙上的东西。因此你需要不断地审视它们，随时取走一部分、简化一部分、使之合理化。要做一个称职的博物馆长，坚守真正重要的东西。把其他东西拿下来，直到留下最重要的作品。然后再来一次。以后有需要时，你还是能把拿下来的东西放回去的。

金爵曼美食坊（Zingerman’s）是美国最著名的熟食店之一。它们之所以能走到这一步，是因为该店的老板们都以博物馆长自居。他们不只是把食物摆满货架，同时还精心挑选摆放的食物。

为什么金爵曼出售的橄榄油是最好的？理由如下：他们通常有这个信心，他们与供应商合作多年，相知甚深。他们亲自去供应商那儿把橄榄带回来，因此他们能够确保每一滴油的甘美纯正。

举个例子，我们看看金爵曼的老板是如何在公司网站上描述 Pasolivo 橄榄油（世界上最好的三大橄榄油品牌之一）的：

许多年前，我第一次在一个试吃活动中尝到这种橄榄油。当

> 时在我身边摆着许多漂亮的瓶子——无一例外——里面都存放着有着悠久、浪漫历史的各种橄榄油，但大多并非绝味。而我在试吃 Pasolivo 的第一口时，就被它迷住了。这种油口感厚重、口味丰富、果香浓郁，完全达到了我对橄榄油的期待，没有任何保留。如今它仍然是美国最好的橄榄油，可与最棒的托斯卡纳初榨油相媲美。本人强烈推荐。[①]

老板确实是亲自尝试了这种橄榄油后，在其美味的基础上才决定进行推广的。这与产品包装、市场营销或价格无关。在这里质量为王。他尝试之后就明白自己的店必须出售这种橄榄油。你也应该效仿一下。

① Pasolivo Olive Oil, Zingerman's, www.zingermans.com/product.aspx?productid=o-psl

在问题上少投入点精力

拜读一下厨师戈登·拉姆齐（Gordon Ramsay）的《厨房噩梦》，你就会发现一个模式：在失败餐馆的菜单上，菜品总是太多。餐馆老板认为做尽天下名菜就能提升餐厅的美誉度，然而上天总是报之以蹩脚的菜品（并带来让人头疼的库存）。

这就是拉姆齐工作时的第一步几乎总是删减菜单的原因，他总是从 30 多个菜式减少到 10 多个品种。想象一下，不是先增加菜品，而是先删减菜品，然后再把菜单上剩下的东西做成精品。

当遇到困难时，人们的本能反应都是加大投入：增加人手、延长时间、加大投资，这一切做法只会使问题变得越加严重。正确的方法应该是反其道而行之：削减。

所以，少做一点，你的项目遭受的损失不像你想象的那么大。事实上，这是一个使情况好转的绝佳机会。你要被迫使出雷霆手段，筛选出真正有价值的东西来。

如果你不断推迟最后期限、提高预算，你就会在这条错误的道路上一直走下去。

FOCUS ON WHAT WON'T Change

↑关注不变因素

关注不变因素

很多公司都关注即将到来的大事件。它们热衷于新鲜热辣的事物，追逐最新的潮流和技术。

这是一条愚人之路。一旦踏上这条路，你就会关注时髦、放弃本质；把注意力放在不断变化的事物上，而不是持久的事物上。

你的事业的核心应该建立在不变的基础之上。你应该投资那些人们现在需要并且 10 年后仍然需要的事物。

亚马逊网站（Amazon.com）致力快速（或免费）送货、精选商品、友好的回赠规则以及合理的价格。这些东西总是有市场的。

日本汽车厂商也喜欢关注不变的核心原则：可靠性、性价比、实用性。人们 30 年前就欢迎这类产品，到今天还是这样，今后 30 年也依然如此。

对于 37signals 来说，像速度、简洁性、易用性以及清晰度都是我们关注的焦点。这是我们无止境的追求。10 年后，不会有人突然醒悟过来，说："哥们儿，我觉得软件还是难用一点儿好。"也没人会说："我希望我的应用程序跑慢一点儿。"

要记住，时尚会凋零。只有当你聚焦于长久的功能时，你才会发现自己把握住了永不落伍的东西。

GEAR
doesn't
MATTER

↑ 工具不重要

音乐就在你的指尖流淌

吉他大师说："音乐就在你的指尖流淌。"就算你买了和艾迪·范·海伦（Eddie Van Halen）一样的吉他、效果踏板、扩音器，但是当你用这套装备来演奏时，弹出来的依然是你自己的风格。

同理，给艾迪配一套从当铺倒腾出来的劣质装备，人家一出手，你还是能听出是艾迪·范·海伦的水平。好的装备的确能带来一些帮助，但事实是，你的演奏水平是由你自己的手指决定的。

人们总忍不住要执着于工具，而不关注要用这些工具去做的事情。你见过这类人：能玩转一大堆震撼的艺术字体和漂亮的Photoshop滤镜效果的设计师，却不知道该表达什么。业余摄影爱好者总为使用胶片相机还是数码相机而争论不休，却没人关注拍出绝妙照片的决定因素是什么。

很多业余高尔夫球手执着于加入昂贵的俱乐部，但是真正重要的是如何挥杆，而不是加入哪个俱乐部。就算让老虎伍兹加入廉价的俱乐部，他也照样能摆平你。

人们把装备当作取胜的法宝，却不愿意花时间去练习，于是一直泡在专业器材店里。他们想要寻找捷径，然而，最好的工具不是用在普通领域的。而且你在起步阶段肯定用不上它。

在商业领域，太多人纠结于工具的好坏、软件技巧、规模大小、舒适的办公环境、豪华的家具以及其他浮华的东西，而不去关注真正的要点。真正的要点就是怎样赢得客户、如何赢利。

我们还可以看到一些人想要通过博客、播客或拍摄纪录片来宣传他们的业务，却受困于不知选择什么工具。真正要紧的是宣传的内容。你可以花大手笔购买超级棒的设备，但是如果没有什么内容可表达……那么，你还真没什么可说的。

就用你现在手头有的或者能负担得起的，然后开始做吧。工具不重要，就用现有的工具也可以做得一样棒，音乐就在你的指尖流淌。

you can't make just one thing

↑你不会只做一样东西

卖掉副产品

当你去做某件事时，总会同时做出其他的东西来。你不会只做一样东西，副产品无处不在。一个善于观察、富于创意的商业头脑能够注意到这些副产品，并从中挖掘出商机。

木材行业现在也开始出售过去白白丢弃的边角废料了——锯末、碎木片以及细木条——这当中利润巨大。人们可以把这些东西制成人造壁炉里使用的原木，加入混凝土中，用作冰上加固剂和覆盖填充物，还可以用这些东西制造刨花板、燃料以及其他各种产品。

但是，可能你做的不是生产制造这一行，这就使你很难发现自己有副产品。木材公司的人能发现生产中的废料，他们不会忽视锯末。但是你就看不到，甚至可能压根儿就不认为你的工作中会产生副产品。这就叫短视。

我们的上一本书《实打实干》(*Getting Real*)，就是一个副产品。我们是在不知不觉中写成这本书的。对于创办公司和开发软件这项实际工作来说，从中获取的经验就是副产品。我们把这些知识打包起来，首先是贴在博客上，其次集结成一个工作室系列，然后做成 PDF 文档，最后印刷成书。这个副产品为 37signals 赚取了超过 100 万美元的直接利润，后来又赚取了超过 100 万美元的间接利润。你现在正在阅读的这本书，也是一个副产品。

美国摇滚乐队 Wilco 在录制过程中发现了一个极有价值的副产品。乐队把专辑的创作过程录了下来，做成了一部名为《我要让你心碎》(*I Am Trying to Break Your Heart*)的纪录片。将团队的创造过程和内部斗争情况都毫无保留地展现出来，非常吸引人。乐队借此片获得了不菲的收入，并将其作为踏脚石，赢得了更为广泛的观众的喜爱。

亨利·福特（Henry Ford）发明了一种工艺，能够把T型车制作过程中废弃的锯末做成炭料。他建起了一家木炭工厂，从此福特炭业（Ford Charcoal）便宣布问世（后来被更名为金斯福德）。如今，金斯福德仍然是美国领先的炭料制造商。[①]

软件公司不会想到要去写书，乐队也不会想到要去拍摄录音过程，汽车厂商也不会想到去卖炭。这些可能都是你还没想到但完全可以去做的事情。

---

① About Kingsford: Simply a Matter of Taste," Kingsford, www.kingsford.com/about/index.htm

GET IT OUT THERE!

↑把它做出来

立马就上线

你的产品或服务什么时候能做出来？你打算什么时候把它推向市场？什么时候能让人们拥有它？可能比你想象的要早得多。一旦你的产品实现了基本的功能，就要迅速把它亮出来。

这样做只是因为，也许你的产品有很多需要改进的地方，但不代表它不能使用。不要因为一些遗留问题而把整个产品扣留下来。那些遗留的问题可以等事后再解决，往后放一放也可能意味着能找到更好的解决办法。

想象一下：如果你的业务必须在两周内推出，你会砍掉哪些部分？有意思吧，这样一个问题能够让你变得更专注。你一下就意识到有许多事情是你不需要做的，而你真正要做的事就变得显而易见了。一旦设定了最后期限，事情就变得格外清晰了。采用这种方法，你就能让直觉发挥作用，告诉你“我们不需要这个”。

为了迅速上线，要砍掉一切不必要的东西。现在就把必要的部分做出来，以后再去考虑花哨的部分。如果你真的这么想了，你就能找出一大堆无须在第一天上线时就完成的东西。

当我们推出 Basecamp 软件时，连收费功能都没有完成！因为这个产品是按月收费的，我们明白还有 30 天的空档期可以用来完成这项功能，于是我们把宝贵的时间用于解决更紧迫的、上线当天就得解决的问题。而 30 天后才需要用到的功能，可以再等等。

Camper 是一个鞋类品牌，在旧金山设店时，连店面都没建好就开业了，他们称之为边“走”边干。顾客可以在空白的店面墙壁上涂鸦，Camper 在鞋盒堆上搁了块便宜的三夹板，然后就在那上面展示鞋子。顾客在墙上写得最多的话就是："就让这家店一直这样子吧。"[①]

无独有偶，Crate and Barrel 百货公司的创始人也是在未完成店面装修的情况下开张第一家门店的。他们把装货的板条箱和桶倒扣过来，直接在上面摆卖商品。[②]

不要误解，这种做法不是偷工减料。你要做的仍然是件很棒的东西。这个做法只是告诉你，最有效的成功方法就是不断尝试。不要再臆测到底会发生什么事了，到现实中去寻找答案吧。

---

① Fara Warner, "Walk in Progress," Fast Company, Dec. 19, 2007, www.fastcompany.com/magazine/58/lookfeel.html

② Matt Valley, "The Crate and Barrel Story," *Retail Traffic*, June 1, 2001, retailtrafficmag.com/mag/retail_crate_barrel_story

REWORK 效率篇

PRODUCTIVITY

GET REAL!

↑ 拿出实际东西来

认知错觉

商业世界中充斥着各种无用的文件，这些文件除了浪费人们的时间外，一点意义也没有。没有人读的报告、没有人看的图表、无法完成的细则。这些东西做起来颇费功夫，但是人们一回头就能把它给忘了。

如果你一定要说明某事，那就务实一点。不要描述它长什么样子，直接画出来；不要解释它的声音如何，直接哼出来。要尽一切可能去掉那些抽象的东西。

抽象事物（比如报告和文件）会给人造成认知错觉。让100个人读同一段话时，他们的脑子里会想象出100种不同的意思。

这就是我们要求尽量贴近实际的原因。只有这样才能让人真正理解你的想法。这就好像当我们在书中读到某些角色描述时，每个人都会联想到不同的形象。但如果我们实际上看到这些人了，我们就都会准确地知道他们到底长什么样子。

当阿拉斯加航空公司的设计团队在策划未来要筹建的新机场时，他们并没有依靠蓝图和草图，而是在一个仓库里建了个实体模型，用厚纸箱做成围墙、候机楼、跑道。然后，这个团队在安克雷奇市建了一个小型的机场原型，开始雇用职员、接待乘客，以此来测试系统的性能。这种在现实中进行测试的设计理念大大减少了项目投产的等待时间，提高了公司的生产力。[①]

大名鼎鼎的家具制造师山姆·马洛夫（Sam Maloof）觉得在设计图纸里没法表现出一把椅子或凳子中包含的所有复杂而精妙的细节。“很多时候我都不知道某个部分到底该怎么做，除非我拿上一把凿子、锉刀，或者随便什么合适的工具，开始动手做。”他说。[②]

这就是我们应该走的路，拿出凿子，开始实干吧。除此之外，其他的都是分心的事。

---

① Dave Demerjian, “Hustle & Flow,” Fast Company, www.fastcompany.com/magazine/123/hustle-and-flow.html

② “Maloof on Maloof: Quotations and Works of Sam Maloof,” Smithsonian American Art Museum, americanart.si.edu/exhibitions/online/maloof/introduction

退出的理由

一头扎进去，埋头干你自己认为应该干的事情，这很简单。而要从中抬起头来问问自己为什么要这么做，则难得多。你需要问自己几个重要的问题，以确定你是否在做真正有意义的事情：

为什么要这么做？有没有发现自己正在做一些完全不知道为什么去做的工作？只是因为有人叫你去做。事实上，这种现象太常见了。因此，你得问问自己为什么要做这件事。是为谁做的？谁会从中受益？任务背后的动机是什么？了解了答案就有助于你理解这个工作本身的意义。

你在解决什么问题？当前的问题是什么？客户感到困扰了吗？你感到困扰了吗？有什么不太清楚的地方吗？是不是有些东西过去是做不了的，但现在应该做了？当你向自己提出这些问题时，你会发现自己是在解决想象中的问题。这就是你得停下工作，重新审视自己到底在做什么的原因。

这真的有用吗？你是在做一个有用的东西，还是仅仅在做一个东西？人们很容易把心血来潮的做法当成实用主义的行动。有时候稍微嘚瑟一下，做点酷玩意也并不坏。但是最终你还是得停下来问问自己这玩意到底有没有用。酷的东西会产生审美疲劳，实用的则永远不会。

你加上去的东西有价值吗？画蛇添足很容易，画龙点睛却很难。想想你现在做的事情是不是会使你的产品更有价值、更受客户青睐？客户们会不会受益更多？有时候你自以为有价值的工作，实际上是在削减产品的价值。油多也会坏菜，价值源自平衡。

这种改变真的会起作用吗？你现在的行动是否真的会带来任何改变？除非你的行为真的会对人们使用产品的方式产生实际影响，否则不要轻举妄动。

这种方法更简单吗？无论何时，你都要问自己："有没有更简单的办法？"通常你都会发现一个比现在的做法更简单、更完美的办法。问题总是相当简单的，可我们总爱自作主张，觉得需要用复杂的方案来解决问题。

有其他更值得做的事情吗？有什么事情会因为你手头上的工作而被耽搁了？这个问题对于资源有限的小团队来说尤为重要。在这个时候，优先顺序往往更加重要。如果你做了 A，那么你还能在 4 月份之前完成 B 和 C 吗？如果不能，那么 B 和 C 是否比 A 更要紧？如果你要长期投身于某项任务，这就意味着你不能同时做其他事情了。

这样做值吗？你现在正在做的事情是否真的值得去做？这次会议值得让 6 个人牺牲 1 小时的工作时间来参加吗？这项任务值得我们今天为之熬夜吗？还是可以留到明天早上再来处理？有必要为了竞争对手的一次公开发布而让整个团队压力倍增吗？把钱花在广告上值吗？在一头冲进去之前，一定要先确认这项任务的真正价值。

以上列出的问题，你得不停地问自己（以及其他团队成员）。当然没必要把这列为常规流程，但是也别把这些问题搁置不理。

同样，要勇于亮出你的结论。有时候放弃其实是一步好棋，即使你已经为之投入很多努力，也不要继续把大好的时间浪费在不值得做的事情上。

PRODU

INTERRUPTION

CTIVITY

↑打岔是效率的敌人

打岔是效率的敌人

如果你总是为了工作而熬夜或者牺牲周末时光，其实并不是因为你有很多工作要做，而是因为你的工作状态不佳。而工作状态不佳就是由打岔引起的。

仔细想想：你大部分的工作是什么时候完成的？如果你和大多数人一样，选的是夜里或凌晨，那就绝不是巧合，这些时段通常都是身边没人的时候。

下午两点，人们通常在开会或者回复邮件，或者与同事聊天。有人会拍拍你的肩膀，也会有些临时的小集会，这些看上去好像都是无害的，实际上这些行为在腐蚀你的生产力，这都属于打岔。一旦你的思路被打断，你的工作就完不成了。

打岔事件把你的工作日切割成了一段一段的。45 分钟后你有一个电话，15 分钟后你得去吃午餐，不知不觉就到了下午 5 点，而你只有一两个小时能够不被打扰地去工作。在这种不断地开始、暂停、开始、暂停的状态下，你根本没法做正事。

反之，你应该达到一种旁若无人的境界。长时间地单独工作能使你达到最高效率。当你不再为了不同的任务去切换思维时，你能干完一整车活儿。（有没有注意过自己在飞机上那种零打扰、无网络的状态下能达到怎样的工作效率？）

要达到这种旁若无人的境界是需要时间的，而且还要不被打扰。就好像快速动眼睡眠（REM）一样（一种多梦的浅睡眠状态）：人不会直接进入快速动眼睡眠状态，你得睡着才行。一旦在这种浅睡眠状态中受到打扰，你就会彻底醒过来，又得重新入睡。快速动眼睡眠是真正神奇的梦幻睡眠时段，与此同理，人们处于那种旁若无人的境界时，效率也会极高。

当然，你不必非得在凌晨去享受这种灵感迸发、精神高度集中的独立境界。你可以在工作中定下规矩，比如上午十点到下午两点间，任何人不得串岗闲聊（午餐时间例外）。也可以把整个上午或整个下午设成你自己的独立时段。或者把“休闲星期五”改成“噤声星期三”，你要做的就是保证这个工作时段完全不受打扰，确保彻底消灭以任何借口扼杀生产力的打岔。

就这样一直下去，一个成功的独立时段意味着戒掉八卦瘾。在这个时段内，封锁即时聊天工具、挂掉电话、关闭邮箱、叫停会议。唯一能做的就是闭嘴、干活儿。你会惊讶于自己居然能干这么多活儿。

同样，当你需要与人合作时，要采用被动交流工具，比如用电子邮件这种不需要立即回复的交流方式，去替代那些会打断别人工作的方式，比如电话、开会之类。这样一来，别人能在方便的时候再回复你，而不是被迫立即放下手头的事情来回复你。

你的生活被各种干扰包围着，只有你自己才能去发起反击。

↑会议有毒

会议有毒

世界上最可恨的打扰莫过于开会。原因如下：

- 会议中充斥着纸上谈兵和抽象的概念，多是不切实际的。
- 会议中能够传达的信息量少之又少。
- 人们在会上最容易跑题，比暴风雪中的芝加哥出租车还容易迷失方向。
- 会议要求人们做好充分准备，但大多数人根本没时间准备这些。
- 会上制订的日程常常模棱两可，根本就没有人真正了解目标是什么。
- 会议中总难免轮到那么一个低能人士发言，于是大家的时间都被浪费在他们的扯淡上。
- 会议具有自我繁殖功能。一次会议总能引出下一次会议，以及再下一次的会议，并生生不息……

不幸的是，会议总是被安排得像电视节目一样。人们不得不抽出半小时到 1 小时的时间来开会，因为按照计划就得如此（从来没有人在 Outlook 上安排一个 7 分钟会议）。这简直糟糕透顶！如果一场会议只需要花 7 分钟就能达到目的，那就只花 7 分钟去开会得了。不要把 7 分钟硬拉成 30 分钟。

当你从这个角度来考虑时，会议的真实成本就令人咋舌了。假设安排一场长达 1 小时的会议，有 10 人参加，则实际上这是一场花费了 10 小时的会议，而不是 1 小时。你是在用 10 小时的生产力来换这 1 小时的会议。而且，如果算上放下工作、走到会议室开会、然后又走回办公室重新开始工作的这个过程中的思维转换时间，实际上会议的成本是 15 小时。

用 10 小时或 15 小时的生产力来换 1 小时的会议，这到底值不值？有时候可能是值得的，但是代价未免过高。单从成本角度来分析，这种规模的会议很快就会成为负债，而不是资产。想想你实际浪费的时间，再扪心自问这场会议到底值不值吧。

如果你觉得你们“必须”聚在一起讨论些事情，那么请坚持以下几条简单的原则，让会议变得更有效率：

- 放一个闹钟，当闹钟响起时，会议结束。散会！
- 与会人员尽量精简。
- 议程尽量明晰。
- 从明确的问题开始讨论。
- 不要去会议室，就在出现问题的地点开会，直面现实，提出切合实际的改进建议。
- 以明确的解决方案结束会议，并安排好由谁负责实施。

↑刚刚好就是真的好

刚刚好就是真的好

很多人沉迷于用复杂的方法解决问题。人们常常陶醉于做脑力体操，然后就会开始寻找下一个让你心驰神往的大挑战，不管这是不是个好主意。

更好的做法是：找一个四两拨千斤的解决方案，以最小的投入获得最大的产出。柔道讲究的就是以小搏大，不论何时，只要遇到障碍，争取找出一个类似柔道的解决方法。

想要以小搏大，其中的重要一点就是要认识到任何问题都是可以变通的。比如说，你目前要解决的问题是鸟瞰人间。其中一个办法是爬上珠穆朗玛峰。这个解决方案相当“彪悍”。不过还有另外一个办法，就是乘坐电梯到一栋大厦的屋顶上去看，这就是一个柔道式解决方案。

我们总能用简单平常的方法去解决问题。这也就意味着不需要超炫的表现，你没有机会炫耀你的超强技术。你只要找个办法把问题解决就行了，赶紧去办下一件事去。这种方案也许没法为你带来声声喝彩，但是能让你不断前行。

让我们看看竞选广告吧：一件大事发生后，政客们会在第二天进行广播宣传，新闻稿的制作质量很不怎么样。他们用图片而不是直播，他们用静态纯文字标题而不是漂亮的动画图像，唯一的声音是播报员的画外音。即使这样，这样的宣传已经足够了。如果他们耗时数周去完善它，黄花菜都凉了。在这种情况下，及时比完美，甚至比质量更重要。

当找到合适的解决办法后，就用它了。总比浪费资源，甚至因为无法承担复杂的解决方案而在那干等要强。记住，以后你随时都可以把“刚刚好”变成“特别棒”。

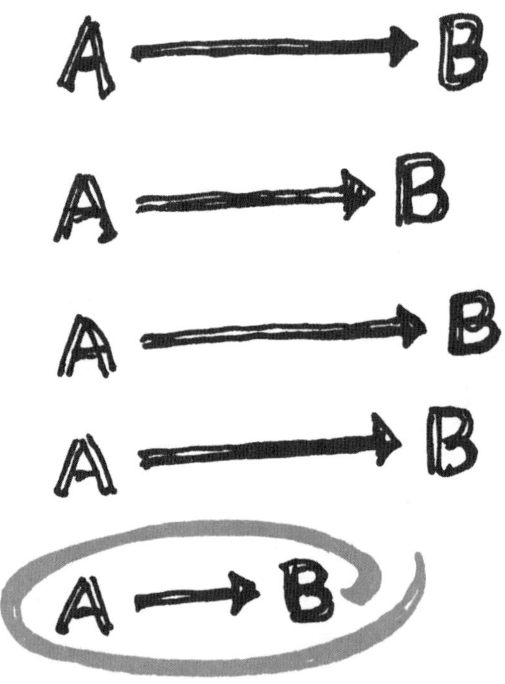

↑速战速决

速战速决

乘势而为才能动力十足。良好的发展态势能让你坚持下去，能驱动你成长。没有“势”的推动，你哪儿也去不了。如果你目前所做的工作无法给你的事业带来动力，那就不是太好。

积累动力的方法就是完成一项任务，然后紧接着去完成下一项任务。没人愿意被困在一个看不到尽头的任务中。把人困在长达 9 个月并且毫无成就的项目中，等于是拿钝刀子杀人，迟早会耗尽你全部精力。想要保持良好的势头和持续的动力，就要养成“积跬步以至千里”的习惯。哪怕是微小的进步也能让你士气大振。

有些东西拖得越久，越难完成。

激情来自做出东西来让人使用。没有人会无聊到愿意花上一年时间去制定菜单。把新菜单亮出来，上菜，听取反馈意见，这才令人振奋。所以，不要等太久——否则，你的激情会被扼杀掉。

如果实在躲不掉周期很长的项目，那就试着每周抽出一天时间来（每两周抽出一天也可以）为阶段性的小胜利庆祝一下，制造一点儿激情。小胜利能让你欢欣鼓舞，能给你周围的人带来好消息。而你的确需要不断地放出好消息才行。每隔两周宣布一个新成果，既能鼓足团队干劲，也能让客户有所惦记。

现在问问自己：“我们在两周内能做点什么？”然后就去做吧。做出来就拿给人们去使用、去尝试、去把玩……随便怎样都好。客户越快拿到新产品，你的事业就越稳定。

↑不要逞英雄

不要逞英雄

很多时候，知难而退比逞英雄实在。

例如，假设你觉得一项任务可以在两小时内完成，可是4小时过去了，你才完成了1/4。这时人们本能的想法是："我绝不能放弃，我已经在这上面花了4小时了！"

于是你进入了一种英雄模式。你下定决心要搞定它（并且因为还没搞定而觉得有点恼羞成怒）。你与外界隔绝，开始闭门造车。

有时候这种过度努力会使你超负荷运转。但是这样做值得吗？答案也许是不值得。当你认为可以花两小时而不是16小时搞定时，这项任务是值得去做的，16个小时，你可以干大把的事情了。另外，闭门造车、不听反馈，这种做法会让你走上歧途。即使是真正的英雄，有时也需要另外一双雪亮的眼睛——得有人对他们的工作进行实际检验。

我们一开始就遇到了这个问题。于是我们决定，对于任何耗时超过两周的工作，我们都要让其他人来帮忙看一看。也许他们给不了具体的帮助，但至少他们能看一下，迅速给出意见。有时候答案就在你眼前，只是你自己看不见而已。

要谨记：最明显的解决方案有可能就是适时退出。人们容易自然而然地把放弃和失败联系起来，但有时你就该这么做。如果你已经在不值得做的事情上浪费了很多时间，那就赶快走开。失去的时间是再也找不回来的。现在最糟糕的事莫过于继续浪费时间。

↑该睡觉时就睡觉

该睡觉时就睡觉

废寝忘食可不是什么好方式。没错，熬夜确实能立马挤出不少时间，但是以后你得为此付出沉痛的代价：你的创造力、士气和心态都将遭到毁灭性的打击。

偶尔一两次开开夜车没什么大碍。只是别形成习惯。如果长期熬夜，你付出的代价就会不断攀升：

顽固不化：人在困倦的时候，很容易执着于眼前的错误方案，不愿意重新思考新的途径。于是终点成了海市蜃楼，而你最终深陷沙漠，无法自拔。

缺乏创意：缺少睡眠的人是难以有创意的。有的人工作效率十倍于常人，秘诀不在于其付出了十倍的努力，而是在于他们能发挥创意，想出了只需要十分之一的努力就可以成功的解决方案。休息不好的话，你就想不出这些高招。

士气低落：当你的大脑处于半休眠状态时，它会偏爱那些不费力的工作，比如看看闲杂书籍之类。困倦的人往往会失去迎战困难的动力。

情绪失控：人在疲倦状态下往往容易失去耐心和宽容。如果你遇到一个常常犯傻的家伙，那么此人很可能正在遭受睡眠不足的折磨。

睡眠不足会让你付出这么多代价，然而还是有些受虐狂在怂恿人们放弃睡眠。他们甚至到处吹嘘不管他们有多么疲惫，照样能工作。千万别被他们蛊惑，现实会狠狠地踹他们一脚。

↑预估的都是垃圾

预估的都是垃圾

我们都是蹩脚的估算师。我们自以为能预测一项任务会耗时多久，但实际上我们一无所知。我们把一切都看成是按最佳方案进行，意识不到现实中难免有突发事件会耽搁进度。现实世界并不会与所谓的最佳案例情境相吻合。

所以，提前几周、几个月甚至几年就去预测未来，简直就是在说梦话。事实是，你根本不知道那么远的将来会发生什么。

有多少次你以为去杂货店逛一下就能回来，结果实际上却花了一个小时？又有多少次花了一整天时间去打扫阁楼，而不是你预想的几个小时就能搞定？或者有时候又恰恰相反，你计划花 4 个小时整理庭院，结果只用了 35 分钟。我们人类真的不适合去预测未来。

就算是在这些小事上，我们都常常因为一两个特殊原因而失算，如果我们连几个小时的事情都估计不准，又如何去准确预测长达“6 个月的项目”呢？

还有，我们在估计项目时间时，错得不是一星半点——而是大错特错。这意味着如果你预计要花 6 个月时间，你可能已经谬以千里了：我们要说的不是从 6 个月拖到 7 个月，而是从 6 个月拖成一年。

正是由于这个原因，美国波士顿“大开挖”（Big Dig）高速公路工程比原先预想的多花了 5 年时间，超支数十亿美元；而丹佛国际机场延迟了 16 个月才开张，成本超支 20 亿美元。

解决方案就是：把大项目分解成小任务。越小的任务越容易预计。你可能还是会犯错，但错得肯定不会像预测大项目那么离谱。如果某个任务所用的时间比预计的长两倍，那么最好把它从长达数月的大项目拆解成耗时几周的小项目。

不断地把你的计时范围拆分成小块，把一个长达 12 周的项目重整成 12 个耗时 1 周的小项目。不要妄自揣测某个任务大概需要 30 个小时以上的时间来完成，直接把它砍成几个 6~10 小时的小项目。然后一步一个脚印地努力前进。

LONG LISTS don't GET DONE

↑罗列问题，不得解决

TASKS

罗列问题，不得解决

列一个更小的待办事务清单。长篇大论的清单只能徒惹尘埃。你最近一次完成一大串清单上的最后一项任务是什么时候？你也许办完了前面列的一些事情，但是最终很可能彻底放弃了清单上的任务（或者随随便便就把那些没有做好的项目打上了钩）。

长篇任务清单会将你带上愧疚之旅。清单上的未完成项目越多，你就越厌烦，直到有一天，你郁闷得连看都不愿意再去看它一眼。然后你筋疲力尽，只剩下一个烂摊子。

我们有一个更好的办法。把长串的清单分解成一堆小任务列表。例如，把一个列了 100 个项目的大清单分解成 10 份清单，每份清单上面列出 10 个项目。这就意味着你每完成一个项目，你就完成了任务列表的十分之一，而不是百分之一。

是的，后面要完成的工作量还是一样多。但是现在你能够看着这个小图表，给自己找到一丝满足感、动力以及成就感。这比带着恐惧和绝望盯着一张大图强得多。

只要有可能，就把问题拆解成一个一个的小片段，直到你能够完全迅速地解决每一个小问题。很简单，这样安排你的任务，就能对你的生产力和积极性产生惊人的影响。

在此我们对事务的优先级别也有个小小的建议：不要按照序号或标签来排序。千万别说“这件事的优先级别比较高，那件事的优先级别比较低”。同理，不要说“这是第三件事，这是第二件，这是第一件，这是第三件……”诸如此类的话。这会使你陷入一大堆迫在眉睫的任务中，这不是真正的优先排序。

相反，要把看起来最重要的事情放在清单的上端。然后把第二重要的事情放在清单中挨着上端的位置。这样一来，你就能够按照事情的轻重缓急来进行排序，这样就足够了。

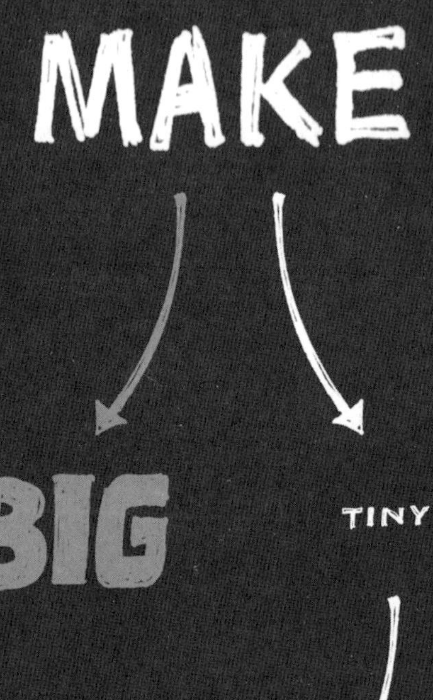

DECISIONS

↑决策宜小不宜大

决策宜小不宜大

重大决策很难落实，也很难修正。一旦做出重大决策，你倾向于认为自己的选择是对的，即使错了，你也无法对其做出客观判断。

一旦自负和骄傲占了上风，不撞南墙你就回不了头。争面子的念头压倒了走正道的念头。然后就会产生惯性：你朝一个方向使的劲儿越大，就越难改变方向。

相反，我们应该尽量选择做一些能够被有效替换的小决策。小决策不会造成大麻烦。这些小决策意味着你能够接受改变。即使是搞砸了，也不会付出惨痛代价，只要修复一下就好了。

做小决策并不代表要和远大计划、宏伟梦想绝缘。它只是意味着一个人深信想要实现远大的目标，最好的办法就是从做好眼前的一件一件小事开始。

极地探险家本·桑德斯（Ben Saunders）说起他独自前往北极探险的时候（相当于在 72 天的时间里连续进行了 31 次马拉松式的行进），感到“重大决策”总是令人不寒而栗，于是他每天都只做出一个“向前方的冰面再行进几十英尺”的小决定，很少再去做比这更大的决定。

易于实现的目标就是最好的目标，你能真正完成这些任务并有所建树。你可以自信地说：“我们干得不错，搞定了！”然后就能接着做下一件事。和那些虚幻的梦想相比，这样的小胜利带来的满足感要强得多。

REWORK 对手篇

COMPETITORS

↑ 拒绝照搬

拒绝照搬

有时候，照猫画虎也是一种学习的过程，就好像艺术系学生通过临摹美术馆的作品来学习绘画，或是新入门的鼓手伴着英国摇滚乐队“齐柏林飞艇”（Led Zeppelin）[①] 鼓手约翰·博纳姆（John Bonham）鼓点华彩片段“大白鲸”来练习敲架子鼓一样。当你还是个学生时，这种模仿是一种很有效的学习方式，你可以从中升华出你自己的特色。

不幸的是，商业战场上的模仿却不招人待见。也许由于我们今天身处一个“复制 + 粘贴”的世界，你可以直接剽窃别人的文字、图像或代码。而这也意味着你打算充当盲从者，用这种方式来建立自己的事业。

然而，这是一个失败定式。这样做的问题在于，简单复制扼杀了深层的理解——而理解才能激发成长。你不但要知其然，还要知其所以然。当你复制、粘贴时，就会忽视这一点。你照搬的只是表面现象，而不是被模仿对象的深层本质。

原创者为其作品付出的很多努力是外人看不到的。这些都隐藏在表面之下。盲从者是不知其所以然的。复制只是表面上完成了任务，但是这样做无法触及事物的本质，产生不了深层理解，也成就不了未来决策的基础。

此外，如果你只是盲从，就无法掌握主动，永远只能被动接受。

---

① 齐柏林飞艇（Led Zeppelin），英国知名摇滚乐队。乐队在硬摇滚和重金属音乐的发展过程中占有鼻祖地位，是 20 世纪最为流行、拥有巨大影响力的摇滚乐队之一。——编者注

你无法领跑，只能尾随。你生产的都是过时的产品——只是个仿品、次品。这样是没有生存空间的。

怎样判断自己是否在盲目模仿别人？如果同一种产品，别人已经完成了绝大部分的工作，那你就是在模仿。你可以受别人影响，但不要去剽窃。

↑让自己成为产品的一部分

将你的产品去商品化

一旦你扬名立万，模仿者便会蜂拥而上，这就是现实。但是你可以用一种绝佳的方法来保护自己不被盲从者们吞没：让你自己成为你的产品或服务的一部分。将你独一无二的想法注入你的产品中，让它与众不同，把它变成一个别人做不到的东西。

让我们来看看 Zappos.com 网站，这是一个价值数十亿美元的美国在线鞋类零售商。Zappos 卖的运动鞋和 Foot Locker 或其他零售商卖的鞋子没有什么不同。但是 Zappos 的产品因为融入了其首席执行官谢家华的客户服务理念，而处处显得与众不同。

在 Zappos，客服员工从不使用规范化的应答语言，他们可以和客户长时间唠嗑。公司总部和客服中心设在同一个地方，而不是远隔重洋。所有的 Zappos 员工——即使是那些非客服员工——入职时都得在客服中心和仓库里先干上一个月。就是这种对服务的全心投入，使得 Zappos 在鞋类零售商中卓尔不群。[①]

另一个例子是波利弗斯农场（Polyface），一家由乔尔·萨拉丁（Joel Salatin）在弗吉尼亚州开办的环保农场。萨拉丁有一大堆理念，并且按照自己的理念去经营生意。波利弗斯农场就是靠着这些理念才做到了很多大农场都做不到的事情。尽管成本高昂，这家农场还是坚持给牛喂草，而不是玉米，并且从不给牛注射抗生素。他们从不使

① "A Shine on Their Shoes," Business Week, Dec. 5, 2005, www.businessweek.com/magazine/content/05_49/b3962118.htm

用海上运输的食物，任何人都可以随时过来到处看看（一般的肉食加工厂敢这么做吗？）。波利弗斯农场不只是出售鸡肉，它出售的更是一种理念，客户正是因此而钟爱波利弗斯农场。有些客户常常会驱车150英里（1英里≈1.609千米）过来为家里采购些“干净”的肉食。[①]

将你的特点融入你的产品以及和你的产品有关的一切事物当中去：你的销售方式、支持模式、说明方式、递送方式。竞争者们是无法复制你的产品中的独特性的。

---

① “The Polyface Story,” www.polyfacefarms.com/story.aspx

↑向对手挑战！

向对手挑战

如果你觉得某个竞争对手不厚道，只管大声说出来。当你这么做的时候，你会发现有一拨支持者聚集在你身边。做一个反对者是标新立异和吸引跟随者的捷径。

例如，唐恩都乐（Dunkin' Donuts）[1]就热衷于跟星巴克作对。它在广告中嘲笑星巴克用"Fritalian"这个词汇来代替小、中、大的规格。唐恩都乐的另一次挑衅则是围绕其在某一次品尝测试中击败星巴克而展开，他们甚至建了个名为"唐恩都乐大胜星巴克"的网站（DunkinBeatStarbucks.com），在这个网站上，访客们可以发送写有"是朋友，就别让朋友喝星巴克"字样的电子贺卡。

奥迪也干过这种事。它选择的对手是汽车制造商中的老将。它在宣传推广中津津乐道地说劳斯莱斯和梅赛德斯－奔驰是"旧派奢华"，并自诩为"新派奢华"以吸引客户。奥迪还在广告中攻击雷克萨斯的自动泊车系统，并宣称奥迪的驾驶者懂得怎样泊车。另一个广告则把奥迪车主和宝马车主放在一块对比：宝马车主用后视镜来打理发型，而奥迪车主则用镜子来看车后的情况。

苹果在广告宣传中也拿 Mac[2] 用户和 PC[3] 用户进行对比，对

---

① 唐恩都乐（Dunkin' Donuts），全球最大的咖啡和烘培食品连锁品牌，创办于 1950 年，至今在全球 31 个国家拥有超过 10 000 家门店。——编者注

② Mac，苹果公司推出的个人电脑系列产品。——编者注

③ PC，又称个人电脑（personal computer），源于 1981 年 IBM 的第一部桌上计算机型号 PC。——编者注

微软进行攻击。七喜声称自己是“非可乐”饮料。安德玛（Under Armour）[①] 则将自己定义为新生代的耐克。

这些例子说明：眼里有目标，心中就有方向，出手才有力量。你现在准备向谁开炮？

你甚至可以和整个行业进行对决。戴森烘手机（Dyson's Airblade）一开始就宣称烘手机行业相当失败，而他们的产品则比市面上的其他产品更快、更卫生。联合利华旗下的黄油制造商——在产品名称中直面对手，称自己为“我不相信这不是黄油”（I Can't Believe It's Not Butter）。

拥有对手，就等于为客户制造出了讲故事的素材。驻足观望者只能站在外围，人们热衷于看到冲突，喜欢偏袒一方，乐于被点燃激情。而这正是吸引人们眼球的绝佳办法。

---

① 安德玛（Under Armour），美国体育运动装备品牌。——编者注

UNDERDO *your* COMPETITION

↑给竞争力做减法

给竞争力做减法

传统智慧告诉我们，要想打败竞争对手，就要胜人一筹。如果他们的产品有 4 种功能，你就得做出 5 种来（或者 15 种，甚至 25 种）。如果他们花两万美元来办事，你就得花 3 万。如果他们有 50 名员工，你就得雇 100 名。

这种冷战式的攀比思维会把人引上绝路。一旦被卷入“军备竞赛”，你就陷入了一场永无止境的战争。这场战争会消耗大量的金钱、时间以及动力，并且使你陷入长期的防御战中。处于防御状态的公司是没有预见力的；他们只能后知后觉；他们无法领跑，只能尾随。

那么你该怎么做呢？要做得比你的对手少，并以此来击败他们。解决最简单的问题，把那些纠结的、困难的、令人厌恶的难题留给他们去解决。不要总想着胜人一筹，试试退一步海阔天空。不要逞强，要适当示弱。

自行车市场就是一个有力的例证。多年以来，主流的自行车品牌都聚焦在最新的高科技装备上。比如，配备独立悬挂和超强盘式制动器的山地车，或是全碳纤维结构的超轻钛制公路赛车。他们觉得好的自行车总得有好几个齿轮：3 个、10 个，或者是 21 个。

然而，最近固定式齿轮自行车却大行其道，尽管这种款式技术含量极低。这些自行车只有一个齿轮，其中有些还没有刹车。其优势在于：够简单、够轻便、够便宜、免维护。

另一个通过削减产品功能而成就产品销量的强大案例就是：Flip，一种超简单的傻瓜式摄像机，该产品在短时间内迅速占领了大块市场。让我们看看 Flip 是如何削减产品功能的吧：

- 没有大屏幕（只有一个自拍时不能转动的小屏幕）。
- 没有照相功能。
- 没有录像带或磁盘（你得把影像下载到电脑中）。
- 没有功能菜单。
- 没有设置选项。
- 没有视频灯。
- 没有取景器。
- 没有特效。
- 没有耳机插孔。
- 没有镜头盖。
- 没有存储卡。
- 不带光学变焦。

Flip 之所以赢得无数粉丝，原因就在于它只做几件简单的事情，并且做得非常棒。它使用起来轻松有趣，和大块头的摄影器材相比，它能用到的地方更多，那些从不使用高档摄影器材的人们会乐于使用 Flip。

不要因为你的产品或服务不如别人的花哨就自惭形秽。要高调一些，要引以为豪。要像你的对手推广他们的多功能产品一样充满激情地推销你的简约产品。

FOCUS ON
YOU

↑把目光放到自己身上来吧，管他们在做什么

谁管他们在做什么?

最后要提到的是，你的竞争对手不值得去关注。为什么呢？因为为对手操心会转化为一种纠结的状态，你会关注他们现在在做什么？他们下一步要做什么？我们该如何应对？

对方的每一个小动作都落入你的精密算计之中，这种心态很恐怖，会让人沉浸在紧张和焦虑之中。这种心态构思不出任何好想法。

这种做法是不得要领的。竞争局势总在不断变化，明天的竞争对手可能和今天的竞争对手截然不同。这个是不受人力控制的。那么去操心这些不可控因素又有什么意义呢？

把目光放到你自己身上来吧。你自己本身的变化比外界的变化更为重要。当你把时间浪费在关注他人身上时，就没有时间去自我提升了。

过多关注竞争对手会分散你的视线。当你的脑子里充斥着他人的想法时，就会错过发现新鲜创意的机会。你会从富有远见的人变成故步自封的人，最终为你的竞争对手做嫁衣。

如果你想着去折腾个什么“iPod(苹果音乐播放器)杀手”或“下一个 Pokemon（任天堂掌机游戏)”，你死定了。你已经为自己设下了限制条件。你无法超越苹果公司的苹果产品，因为游戏规则是他们定下的，而你是无法打败游戏规则制定者的。你得制定自己的游戏规则，而不是仅仅去做一个稍微好一点的产品。

不要问自己是否“打败”了苹果（或是你所在行业中的其他大公司)。这是个错误的问题。这不是一场胜负之战。他们的利润和成本与你毫无关系。

如果你想做的只是和别人一样，那又何必去做呢？简单抄袭对手是无法在市场上找到立足之地的。即使注定会输，也要为自己的信念而奋斗，而不是仅仅模仿他人。

REWORK 进化篇

EVOLUTION

↑学会说“不”

养成对客户说“不”的习惯

如果一味听顾客的，我就只能给他们弄一匹快马。

——亨利·福特

唯唯诺诺很容易。人们很容易同意添加一项新功能、接受一个过于乐观的最后期限、笑纳一个平庸的设计。很快，这些轻易过关的事物堆积起来，在你眼前越堆越高，你甚至都看不到现在该做的事情了。

现在就开始培养说“不”的习惯——即使是面对自己最好的创意。利用拒绝的力量，成就你的优先顺序。人们很少会因为拒绝而后悔，却常常宁愿自己当初没有答应别人。

人们不愿意开口拒绝，是因为针锋相对的感觉并不舒服。但是另一个选择的后果会更糟。你自找麻烦，把事情弄得更复杂，最后连你自己都不知道自己在干什么。

这就像两性关系：分手很难，但是因为自己的懦弱而一直忍受下去，情况会更糟。长痛不如短痛。

不要相信“客户永远是正确的”这种废话。假设你是个厨师，如果很多食客说你炒菜太咸、太辣，你可以改变这一状况。但是如果某些挑剔的美食家叫你在宽面里面加点香蕉，千万别搭理他们，保持原状就很好。为迎合某些客户而与大多数人背道而驰，就得不偿失了。

ING Direct[①] 通过说“不”而建立起了全美成长最快的银行。当

① ING Direct，美国最大的网上银行，其商业模式与众不同。首先，它主要的盈利来源于利差收入。其次，它采用“高买低卖”的方式，即以高利息吸纳存款，而以低利息发放贷款。——编者注

客户们要信用卡时，他们说“不”；当客户要求网上交易时，他们说“不”；当客户问是否能开立一个百万美元的账户时，答案也是“不”（这家银行的存款上限控制非常严格）。ING的想法是，事情越简单越好。于是这家银行只提供储蓄账户、存款证明以及共同基金——这就够了。

不要觉得“不”字难以出口，坦然些，如果你不愿意迎合某个客户的需求，只要彬彬有礼地解释清楚就可以了。当你花时间解释自己的想法后，人们的谅解程度通常会超出你的想象。你甚至可能会让他们赞同并追随你的思路。如果行不通，就推荐一个能提供更好的解决方案的竞争对手。让客户开心地使用别人的产品，强过让人憋屈地使用你的产品。

这样做的目标是确保你的产品就是你自己的产品，你是自己产品最忠实的粉丝。这样一来，你就能宣称：“我觉得你会爱上它的，因为我爱上它了。”

LET YOUR CUSTOMERS OUTGROW you

↑ 让你的客户超越你

让你的客户超越你

也许你见过这样的情形：某个客户给一家公司投了很多钱，这家公司就尽一切可能去满足该客户的要求。为了迎合这个客户的要求而改变自己的产品，渐渐开始脱离了普遍的用户基础。

然后有一天，这个大客户绝尘而去，这家公司拿着袋子站在原地——袋子里的产品是为某个不再需要这个产品的人量身打造的。现在这个产品已经不适合任何人了。

如果你不惮于跟着现有的客户去上刀山、下火海，就等于绝缘于其他的新客户了。你的产品已经彻底为当前客户量身定制，谁也无法再为其注入新鲜血液。而这就是你的公司走上末路的原因。

在我们的产品投放市场一段时间后，我们开始向那些最初的用户征求意见。他们反馈说软件已经不够用了，他们的业务发生了变化，希望我们能针对他们的新情况和新需求做出相应的产品改进。

我们拒绝了。原因如下：我们宁可让客户最后放弃我们的产品，也不愿意一开始让他们不能上手使用。为高端客户研发出的新功能也许能满足一批用户，但也可能让我们失去那些还没有入门的用户。吓跑新客户比失去老客户更糟。

当你让客户超越你时，你的产品极有可能成为一个基础产品——这样蛮不错的。小巧、简单、满足基本需要，这就是永恒之道。这样的产品永远不愁没有客户。

没有用过你们产品的客户永远比用过的多。要确保你的产品让这些人容易上手。这就是你持续成长的潜力所在。

人在变，环境也在变，你不可能满足所有人的所有要求。公司要对某一类型的客户全情投入，而不是对某一个善变的客户唯命是从。

REVOLUTIONARY!
NEW! HOT!
Amazing! FASTER!

don't confuse ENTHUSIASM
WITH PRIORITY

↑变革！
全新！火爆！
不可思议！更快！
头脑发热不等于当务之急

头脑发热不等于当务之急

突然想到一个绝妙的主意时，人们都会陷入一时的狂热之中，开始幻想着其中的无限可能和巨大利益。当然，还有马上就要实现的冲动。于是你放下手头所有的事情，开始实施这个最新、最棒的想法。

臭棋一招！一个新创意的撩人程度并不代表其真实价值。有些东西现在看上去是“非要不可”，但是到了第二天早上，可能就会降级为“可有可无”。而“可有可无”的东西是不值得你不顾一切去做的。

我们随时都能想出新功能来。此外，我们每天还能从客户那儿得到成打的奇思妙想。当然，如果能够马上去执行这些想法，然后看看会有什么效果，还是挺好玩的。但是如果我们这样做了，就等于是在跑步机上发足狂奔，最后你还是在原来的地方。

所以，首先要把你的伟大想法冷却一下。要想尽一切办法找出所有伟大的创意，让自己激情澎湃一把，但是不要轻举妄动。把它们都写下来，然后放上几天，再用冷静下来的思路去为它们安排优先顺序吧。

AT-HOME GOOD

↑家用便利就是好

家用便利就是好

你一定有过这样的体会：你去逛商店时，在里面对比不同的产品，最后买下了那个看上去最好的一个，它功能最全、看上去最酷、包装最惹眼。盒子上有令人心动的广告语。一切都是那么完美。

但是当你把它拿回家后，就会发现完全不灵了。这玩意不像你想象得那么好用，它有太多你不需要的功能。最后你觉得自己上当了，你并没有买到真正想要的东西，却为这玩意儿花了不少冤枉钱。

你买的是“镇店之宝”型的产品，这类产品就是应该放在店里让人向往的，而不是真正能买回来让人实际使用的。

聪明的公司就会生产与之相反的产品——可以做“镇宅之宝”。当你把这种产品拿回家后，会比在店里看到时更喜欢它。它融入了你的生活并且你越来越喜欢它。而且，还会把它推荐给你的朋友。

当你制造出一个能成为“镇宅之宝”的产品时，可能要因此牺牲一些“镇店”的噱头。一个能够完美演绎基本功能的产品，势必在花哨程度上要略逊对手一筹。长于某些功能的产品，远远看上去肯定不是那么面面俱到。这没什么，毕竟你的目标是与它建立长期关系，而不是“一夜情”。

广告也是如此。我们总能在电视广告里看到某个“革命性”的小玩意儿，据说它能够改变我们的生活。但是当快递员把实物送来后，往往让人大失所望。广告做得好不如产品做得好。广告和宣传做得再好，也无法弥补一次糟糕的客户体验所带来的损失。

DON'T WRITE IT DOWN

↑不必逐字记下客户需求

不必逐字记下客户需求

你应该怎样跟踪、了解客户的需求？完全不必！倾听，然后忘掉他们说的话就行了。这可不是开玩笑！

你根本不需要用电子表格、数据库或录入系统去记录这些东西。真正有意义的需求，客户会一次又一次地跟在你屁股后面提出来。你根本就不可能忘记。你的客户就是你的记事本，他们会反复提醒你，会展示给你哪些事情是真正需要去考虑的。

如果某个要求被你一次一次地遗忘在脑后，这就说明这个要求并不是太重要——真正重要的东西是忘不掉的。

REWORK 推广篇

PROMOTION

↑甘于低微

甘于低微

现在的你籍籍无名，这是件好事。籍籍无名就是一个绝佳的状态，你要庆幸自己目前还身在暗处。

要充分利用这段时间，这时犯再大的错也没人知晓。要保持低调，你可以利用这段时间继续调整你的策略，解决纠结的问题、测试各种创意、尝试新事物。没有人认识你，所以弄砸了也没关系，起于浮萍之末，能最大限度地保住你的自尊和自信。

正是由于这一点，零售商们总是在小市场范围内去做新的尝试。当唐恩都乐打算推出比萨、热狗和热三明治的新品种时，总会选择 10 家分店先行试验。

百老汇演出也是先在小剧场试水的。在进军纽约之前，他们会先把剧目放在一个较小的城市进行试演。小城市的试演能让演员们在面对更为苛刻的评论家和高品位观众之前，先在普通观众当中产生一定影响。

你乐意在众目睽睽下开始你的第一次尝试吗？如果你从未做过演讲，你希望你的第一次演讲是在 1 万人面前，还是在 10 个人面前进行？没人愿意在别人的注目礼中开始创业。如果你自己还没有准备好被人观赏，那么此时吸引众人的目光是一点儿意义也没有的。

要牢牢记住，一旦你把事业做大、深入人心之后，就不可避免地要走稳健路线。当你成为传奇人物，你就必须保持预见性、建立相容性，你将变得更为保守、更难去冒险。这就是僵化的起点、变革的终点。

如果有上百万的用户在使用你的产品，那么你做的每一点改变都会产生放大效应。在此之前，你做出的改变可能只会让一百来人感到不爽，现在，则可能会让好几千人感到纠结。面对 100 个人你还能解释，面对上万个愤怒的顾客，你就只能躲到防暴盾牌后面去了。

这样籍籍无名的日子一去就不会再回来。现在就是毫无顾忌地进行冒险的绝佳机会。

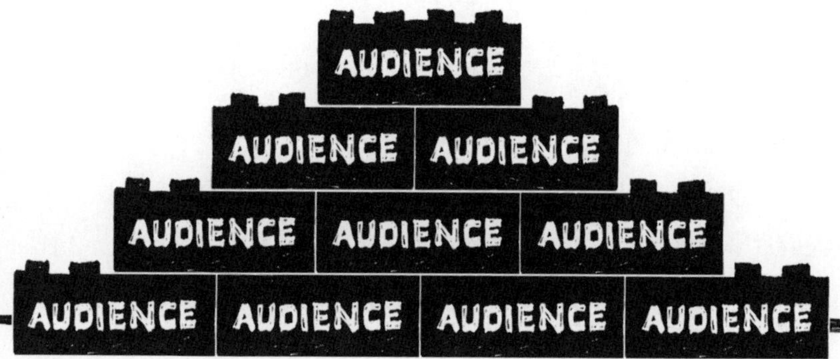

↑培养自己的拥趸

培养自己的拥趸

所有的公司都有顾客，幸运的公司有粉丝，而最幸运的公司则有一帮忠实的用户。忠实的用户能成为你的秘密武器。

很多公司仍然依靠大笔砸钱来接近群众。每一次他们想要宣传什么，就会去研究预算，弄出一大堆钱来，然后投放广告。但是这种方式既费钱，又不靠谱儿。就像人们常说的：你浪费了一半的预算——你还不知道是哪一半。

如今最聪明的公司都更有办法。与走出去接触用户相反，他们让人们过来找自己。忠实的用户就会经常回来——完全出于自愿——看看你要说什么。这将是你见过的接受能力最强且最具潜力的一批顾客。

在过去的 10 年里，我们通过 Signal vs. Noise 博客，培养了超过 10 万名的每日浏览用户，这就是一个庞大的用户群体。他们每天都回来看看我们在说什么。我们的话题可能涉及设计、业务、软件、哲学、易用性，或是针对整个行业的宽泛讨论。不管我们聊什么，这些人都会兴致勃勃地回来倾听。如果他们喜欢我们的观点，很可能也会喜欢我们的产品。

如果按照老办法，我们得花多少钱去吸引这 10 万名用户呢？ 10 万美元？ 100 万美元？我们该怎么做呢？投放广告？电台广播？发送电子邮件？

一旦培养出用户群体，你就不用再花钱去赚取眼球——人们会主动关注你。这是一个巨大的竞争优势。

所以，赶快培养用户吧。说些什么、写点儿什么、开个博客、整个微博、制作视频——总之，想尽一切办法。大方地分享有价值的信息，你就会慢慢建立起忠实的用户群体。然后，当你想传达消息时，自然就会有人在那儿等着倾听了。

don't

OUT-$PEND

OUT-TEACH

↑撒大钱无益，普及知识是你的制胜良机

普及知识，赢得竞争

你可以做广告，可以雇用销售人员，可以投赞助。但是你的竞争对手也能做这些事情，那么你靠什么出位呢?

不要在消费、销售或赞助上和竞争对手去攀比。也许你的竞争对手根本还没考虑过去传授别人些什么呢。绝大多数公司都在关注销售或服务，但是从未想过传授知识。

霍佛勒制造厂（Hoefler Type Foundry）在自己的 Typography.com 网站上向设计师们传授各种样式。在线手工商店 Etsy 通过举办创业研讨会来解释“最佳做法”，并传授其网络商家促销妙招。加里·维纳查克（Gary Vaynerchuk）拥有一家大型酒类商店，他在美国知名葡萄酒视频网站 Wine Library TV 上在线指导人们如何品酒，每天有上万人在收看。

传道授业能为你建立起凝聚力，这是传统市场策略不可望其项背的。通过杂志或网络广告去赚取眼球是一回事，通过讲授知识来赢得人们的忠诚则建立起了一种截然不同的关系。后者会更加相信你、尊重你，即使他们不使用你的产品，也仍然是你的粉丝。

个人和小企业适合去传授知识，而大公司则不适合。大公司支付得起“超级碗”（美国职业橄榄球大联盟年度冠军赛）广告，而你不能。你能在传授知识方面大力投入，而大公司不能。因为大公司受制于保密政策，公司里的每一款条文都得经由律师过目，并且再经层层严格审查。传授客户知识是专属于你的绝佳制胜机会。

↑效仿大厨

效仿大厨

你也许听说过艾梅里尔·拉加西（Emeril Lagasse）、马里奥·巴塔利（Mario Batali）、巴比·福雷（Bobby Flay）、朱莉娅·蔡尔德（Julia Child）、保尔·迪恩（Paula Deen）、瑞克·贝里斯（Rick Bayless），还有雅克·佩平（Jacques Pépin）。他们都是优秀的厨师，但是优秀厨师那么多，为什么你对这些人的了解要超过其他厨师呢？因为他们乐于与别人分享他们知道的一切。他们把自己的秘方写在烹饪书籍上，在烹饪节目里大秀厨艺技巧。

作为一家公司的老板，你也应该分享自己知道的一切。这一点在商业世界中尚属禁区，因为商业活动总是带有偏执和隐秘的性质。人们认为自己在这方面拥有专利或在那方面拥有竞争优势，也许这样想的只是少部分人。大度的人不应该继续模仿小气者的行为，不要惧怕分享。

烹饪秘诀比商业秘密更容易复制。这一点难道不会吓倒马里奥·巴塔利吗？为什么他还要上电视节目去大秀厨艺技巧呢？为什么他要把秘诀写在书里，让人随意购买、随意复制呢？因为他明白，在他的领域当中，光是利用这些秘诀和技巧，是不足以打败他的。没有人会去买了他的书，然后在他隔壁开一家饭馆，把他踢出餐饮界。事情不会那样。然而很多商界中人却总觉得，一旦秘诀被竞争对手学去，这样的厄运就会落在他们头上。别胡思乱想了！

向大厨学习吧。他们烹饪美食，所以他们就写了美食书籍。你该做什么呢？你的“秘诀”是什么？你能向世人传授什么实用的、有教育意义的、有进步意义的知识呢？你手中的这本书就是我们的“烹饪书籍”，你自己的呢？

↑转到幕后看看

转到幕后看看

让人们到你公司的后台巡游一番，看看你的业务到底是如何运作的。想象一下，如果有人要给你的公司拍一部写实纪录片，他们能把什么东西分享给观众？现在不要等待那个想象中的制片人了，你可以亲自操刀。

你觉得没人会关注吗？再想想。只要表达得当，哪怕是最无聊的工作也能变得生动有趣。还有什么比看商业性捕鱼（commercial fishing）和卡车（trucking）更乏味呢？然而探索频道和历史频道却把这些高度专业化的东西拍成了收视率极高的节目：《致命捕捞》（*Deadliest Catch*）和《冰路前行》（*Ice Road Truckers*）。

好题材也不一定非得是危险性高的工作。人们乐于发掘各种各样的事物背后的小秘密，即使是在谷物类早餐食品中加入药属葵之类的小技巧，也有人愿意去了解。这就是美国电视食物频道的《拆封》（*Unwrapped*）节目——主要是探索午餐快递业务（lunch-box treats）、汽水（soda pop）、影院的糖果（movie candy）等各种食品背后的秘密——如此受欢迎的原因。

人们对产品的制作过程充满了好奇。所以他们喜欢参观工厂或观看影片的幕后制作花絮。他们想亲眼见证产品是如何组装的、动画是如何制作的、导演是如何挑选演员的，等等。他们想了解别人的决策方式和决策理由。

让人们走入幕后，能改善你和他们之间的关系。他们会感到与你亲近起来，将你视为一个常人，而不是一个面目模糊的公司。他们将在你的产品中看到你在后台淌下的汗水和付出的努力。他们会对你的工作产生更深刻的理解和更诚挚的感激。

↑假花

没人喜欢塑料花

商业世界充斥着身着正装、努力使自己看上去完美的“专家”。实际上他们头脑僵化、思想乏味。没人喜欢这样的家伙。

不要害怕让人看到你的缺点。不完美才真实，真实才能激起人们的共鸣。因此我们喜欢会凋零的真花，而不是那些永不变色的完美的塑料花。不要担心自己应该如何说、如何做。向世界展示你本来的面目、你的缺点、你的全部。

不完美也是一种美。这就是日本的“侘寂”[①]理念的精髓了。“侘寂”美学重视残缺之美。该学说认为，应包容物件上的破损和划痕。同时还信奉简洁美的理念。繁华落尽见真淳，你使用的就是你手上拥有的物件。伦纳德·科恩[②]在他的《侘寂》一书中说道：削减到本质，但不要剥离它的韵；保持干净纯洁，但不要剥夺它的生命力。

“保留原有的韵致”是一种美丽的行事方法。过度的雕琢会使事物失去灵魂，变得机械乏味。

所以，你大可直言不讳，畅谈那些别人不愿意讨论的东西。直面你的弱点，向人们展示你最近的工作状况，即使你还没完全搞定它。不完美没关系，也许你看起来不专业，但你却更真实。

---

① 侘寂（Wabi sabi），日本美学意识的一个组成部分，一般指朴素又安静的事物，源自小乘佛法中的三法印（诸行无常、诸法无我、涅槃寂静）。——编者注

② 伦纳德·科恩（Leonard Koren），作家和诗人。——编者注

↑新闻通稿就是垃圾信息

新闻通稿就是垃圾信息

那种向无数陌生人发送的没有任何新意的广告，希望其中有个把人能对广告产品感兴趣。你把它们叫作什么？垃圾邮件。新闻稿也是一样：把没有任何新意的新闻报道发给上百个你不认识的记者，希望其中一个能为你写篇专题。

让我们先来解析一下你发新闻稿的目的吧：你把这些东西发送出去，是为了引起别人的注意。你希望媒体能关注你的新公司、产品、服务、公告，等等。你希望他们为之激动，并为你写一篇专题。

然而新闻稿是无法达到这一目的的。它们枯燥乏味、公式化且没有任何激情。记者们每天要对上百篇新闻稿进行筛选。他们被埋在堆积如山的夸张头条和 CEO（首席执行官）的虚伪承诺之下。他们身边的每一篇稿子都贴上了“轰动的、创新的、突破性的、惊人的”之类的标签，对此他们已经麻木了。

如果你想吸引他人的注意，却做着和其他人毫无差别的事情，绝对是愚蠢至极。你必须足够显眼。为什么要像其他人那样发新闻稿呢？为什么要往记者已经垃圾成堆的邮箱里再发一份垃圾新闻稿呢？

此外，新闻稿没有任何新意。你写一篇新闻稿，然后把它发给无数记者——这些人不认识你，你也不认识他们。你的第一次自我介绍就是以这种毫无特色、毫无新意的文字形式被发给每一个人吗？这就是你想给别人留下的印象吗？这真能让你成为新闻吗？

换个方法，给人家打个电话，写一份私人信件。如果你看过类似公司或产品的新闻故事，就联系一下这个撰稿记者。用激情、兴趣和经历来打动他。做些有意义的事情，要与众不同，确保引人注目，不被遗忘，这样才能达到最大的影响力。

NICHE
MEDIA
OVER
MASS
MEDIA

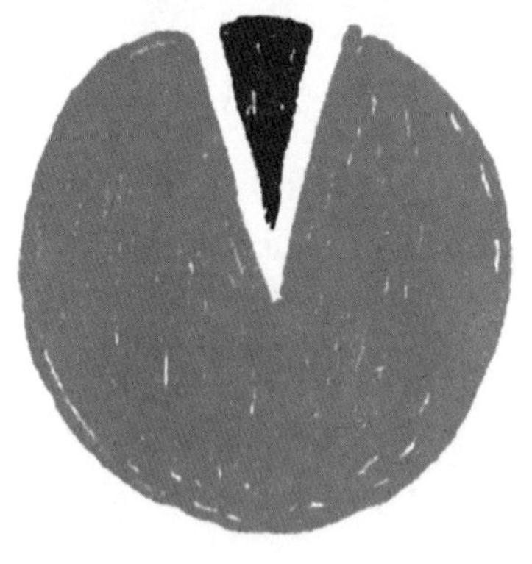

↑精准的小众媒体胜过大牌媒体

别惦记大牌媒体

别惦记《时代周刊》《福布斯》《新闻周刊》《商业周刊》《纽约时报》《华尔街日报》这样的大众传媒，想要搞定这种媒体的记者是不具有现实可操作性的。哪怕是想接触到这些人，都得靠运气。即使你有这样的运气，人家也不见得有这个耐性。你公司的规模还没有那么大的影响力。

你还是把重点放在行业刊物或精准的小众博主身上比较好。这类渠道的准入门槛要低得多。你可以给他们发送邮件，并且当天就能得到回复。不用面对编委会或公关人员。你的信息不需要通过特殊的通道进行传递。

这些人实际上就像渴望鲜肉的饿狼一样。他们热衷于引领风尚、喜欢发掘新鲜事物、善于打开局面。这就是为什么那些一流的记者喜欢到这些小网站搜罗新素材。这些小花边很快就能成为主流新闻。

我们也被大型主流刊物报道过，诸如《连线》和《时代周刊》，但是我们发现真正给我们带来大量点击率的是类似于 Daring Fireball、Mac nerds 或 Lifehacker 之类的网站，这些是真正有效果的网站。从这些地方链接过来的流量显著地提升了我们的销量。一流刊物上的文章看上去很好，但达不到这种直接、迅速的活跃程度。

Emulate DRUG DEALERS

↑效仿药贩子

药贩子最精明

药贩子是最精明的，他们知道自己的产品具有优势，愿意先拿出一些来给人免费试用。他们知道你会回来——并且会花钱购买。

要效仿药贩子，把你的产品包装成完美的、令人上瘾的、“不能错过”的灵丹，让人浅尝之后都忍不住要拿着真金白银回来向你购买。

这样一来，你必须得花点功夫，把产品做成小份儿试用装，还得为它准备一份易于阅读理解的产品说明书。这样一来，人们不用花一分钱或浪费太多时间，就能试用你的产品。

多年以来，面包店、餐馆、冰激凌店都在成功运用这一模式。汽车销售商也会让你在购车前先试驾一把。软件公司也开始试水，采用免费试用版或限制性版本来吸引潜在用户。有多少行业能够受益于这种药品营销模式呢?

只要你有东西可卖，就不要怕给人一点点让其试用。要对自己的产品抱有信心。你应该知道人们会回来购买更多，如果你连这样的信心都没有，只能说明你的产品做得不够好。

EVERY THING IS Marketing

↑市场营销无处不在

市场营销不是一个部门的事

你有市场部吗？没有？恭喜你！如果你有，不要以为只有市场部的人才有责任去做产品营销。财务部是一个独立部门，而市场营销不是，市场营销是需要你公司的全体员工一年 365 天、一周 7 天、一天 24 小时时刻要去做的工作。

人不能不交流，同理，人也不能不去做营销工作：

- 每次你接电话，这就是市场营销。
- 每次你发出一封邮件，这就是市场营销。
- 每次有人使用你的产品，这就是市场营销。
- 你在网站上写下的每个字，都是市场营销。
- 如果你在设计软件，每条错误提示就是市场营销。
- 如果你开的是一家餐馆，那么餐后的薄荷糖就是市场营销。
- 如果你从事零售业，收银台也能进行市场营销。
- 如果你从事服务业，在给客户的账单上也能进行市场营销。

你要明白，在这些小细节上的优秀表现，比为客户选择会议小礼品要重要得多。市场营销不是几个人的工作，它是你做的所有工作的总和。

YEAR 6
YEAR 7
YEAR 8
YEAR 9
YEAR 10
OVERNIGHT Sensation!
DECEMBER

↑一夜成名只是传说

一夜成名只是传说

你不会瞬间大红大紫，也不会一夜暴富，你的表现还没有出众到吸引每一个人的眼球的地步，没人在乎你，至少现在如此，习惯这种状况吧。

你了解那些道听途说来的“一夜成名”的故事吗？往里深挖一点，你就能发现这些成功人士在到达引爆点之前，都已经在这个方向苦熬了很长时间。也有凤毛麟角的几家突然成功的公司，但这种公司往往不能持久——没有牢固的基础去支撑它。

把一夜成名的迷梦换成一步一个脚印的成长行动吧。道路很艰难，但你必须充满耐心。你得用功去做，在遇到伯乐之前，你得努力很长时间。

可能你认为如果雇用一个公关团队，就能加速这一过程。别瞎折腾了，问题在于你还没准备好。首先，这样做成本太高。要养一个好的公关团队，一个月可能就需要 1 万美元，就目前看来，这等于是在烧钱。

此外，你现在还是个无名小辈，人们都没听说过你的产品，谁会为你写篇专题报道？一旦你有了客户、有了自己的故事，你就有料可爆，但是在刚刚起步阶段，真没什么可炫耀的。

要记住，伟大的品牌在刚刚起步时，都没有进行过公关活动。星巴克、苹果、耐克、亚马逊、谷歌以及斯纳普等，都是随着时间的推移而慢慢成为伟大品牌的，而不是靠公关推手事先造势而成的。

今天就开始培养你的观众，开始聚集那些对你有兴趣的人，然后一直保持下去。多年后，你也会在人们谈论你的“一夜成名”的故事时付之一笑了。

REWORK 招聘篇

HIRING

↑亲力亲为

亲力亲为

在你亲自尝试做这份工作之前，永远不要雇人去做。只有这样，你才能了解这项工作的本质。你才会懂得如何判断工作完成的好坏，才会知道怎样写出符合实际的岗位招聘要求，也才会清楚在面试中该问什么问题。你才能知道该雇用全职员工还是兼职人员，是将工作直接外包还是坚持自己搞定（强烈推荐后者，如果可能的话）。

你也会成为一位更加优秀的经理人，因为你是在指导人们完成你已经做过的工作，你知道何时该批评，何时该鼓励。

在 37signals，我们一直没有雇用系统管理员，直到我们当中的一个人花了整整一个夏天的时间去设置一大堆服务器为止。在开始的 3 年时间里，我们中的另一个人做了所有的客服工作。之后我们才雇用了一名专职的客服人员。在把球传出去之前，我们都尽可能亲自带球。这样一来，我们在决定招聘时，就十分清楚自己到底需要什么样的员工了。

有时候你可能觉得力不从心，甚至可能觉得筋疲力尽。这很正常。你可以通过招人来摆脱这种感受，也可以通过学习正确的处理方法来解决问题。先试着学习吧。在最初的运营中付出的所有努力，都会变成无数倍的管理智慧，最终回报给你。

另外，你应该让自己密切融入业务的方方面面，否则你就会陷入一片茫然。把自己的命运交到别人的手上，这是非常危险的。

↑受不了时再招人

受不了时再招人

不要为了贪图一时高兴而招人，招人是为了解除痛苦的。要时时提醒自己：如果我们不招人又会怎样？这项额外的工作真的给我们带来了很大的负担吗？我们能不能用一套软件或者改变一下操作来解决这个问题呢？我们不做这个行不行？

同理，如果有人离职了，不要立即招人来顶替他。看看如果没有人在这个职位上，你们能坚持多久。你往往会发现自己需要的人远没有想象中那么多。

当你在很长一段时间内都被超负荷的工作所困扰，这才是招人的正确时机。此时出现了一些你无法再亲力亲为的事情，你发现工作质量有所下滑，令你感到受不了了，这时才是招人的最佳时机，不要提前招人。

PASS ON GREAT PEOPLE

↑放弃牛人

放弃牛人

有些公司沉迷于招聘，有些公司甚至在没有招聘计划时还在吸纳员工。当听说某个牛人时，他们就特地设置一个职位或设定一个头衔，来吸引这些牛人。这些牛人就被安放在这些位置上——他们的职位毫无意义，他们的工作也无关紧要。

放弃那些你并不需要的牛人，即使你觉得这是个人才。把有能力的人招进来，却让其无所事事，这对公司来说是有害无益的。

一旦人浮于事，问题就会显现出来。你得开始没事找事地设计出一些工作，好让所有人都忙碌起来。虚无的工作带来的是虚无的项目，而虚无的项目花费的却是实实在在的成本，带来的也是实实在在的麻烦。

别担心“那人一去不复返”。那人要是待在你的公司里却没有任何有意义的事情可做，这才可怕呢。世界上有本事的人多了去了，只要你真有这样的需求，肯定能找到合适的人选。

牛与不牛没有任何意义，不需要就是不需要。

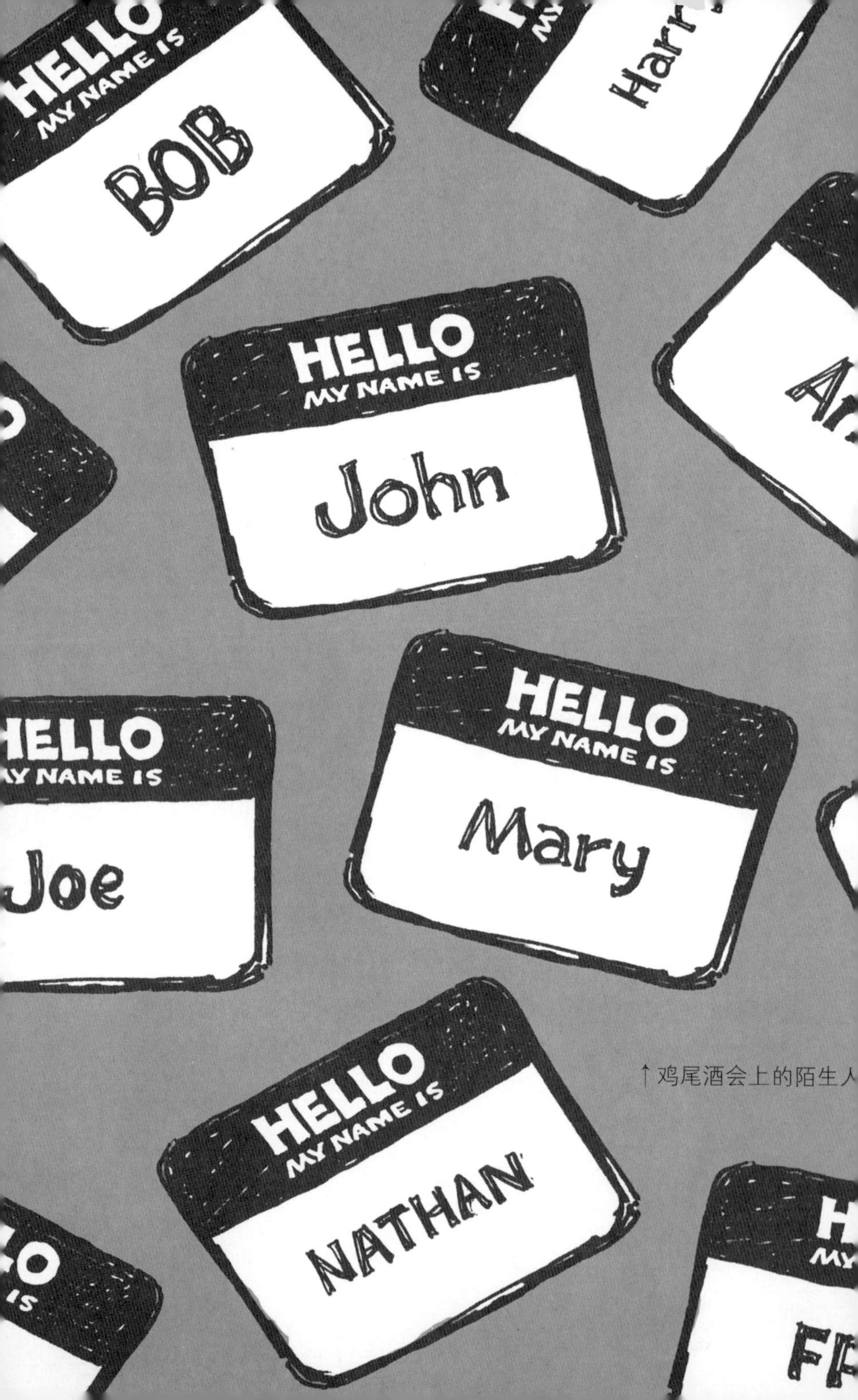

↑鸡尾酒会上的陌生人

鸡尾酒会上的陌生人

如果你去参加一个全是陌生人的鸡尾酒会，就只能谈些无聊枯燥的内容：寒暄一下天气、体育运动、电视节目之类的话题，你得回避那些严肃的交谈或者有争议的观点。

老朋友之间的亲密小聚会则完全不同。其中充满了真正有意思的话题和热火朝天的辩论。等那晚的聚会结束后，你会感觉大有所获。

短期内大批招人的后果就同陷入“全是陌生人的鸡尾酒会”一样。你身边充斥着新面孔，每个人都彬彬有礼，每个人都努力避免矛盾或冲突，没有人说：“这点子真烂。”人们一团和气，互不攻击。

这种一团和气的氛围就是公司陷入麻烦的根源。当有人把事情弄得一团糟时，总得有人直言不讳地说出来。否则，你就是在经营一个既不惹人恨、又不招人爱的公司。

要营造一个能让人直言不讳并且有安全感的环境。你得清楚自己能把别人推多远，你得知道人们话里的真正含义。

因此，放慢招聘脚步，这是避免公司陷入“陌生人的鸡尾酒会”的唯一办法。

↑简历
• 夸大其词
• 半真半假
• 华而不实
• 误导人心

可笑的求职简历

我们都知道简历就是个笑话。它们都十分夸张，上面充斥着毫无意义的“行为动词”，罗列着一堆的工作职位和岗位责任，却空有头衔，实际内容模糊不清，并且上面的大部分信息是无法验证的，整个就是一场闹剧。

最糟的是，杜撰一份简历太容易了。每个人都能交出一份恰到好处的简历。因此，简历深受那些工作不称职人士的喜爱。他们一次发出几百份简历，无异于制造出又一堆垃圾邮件。求职者不关心如何得到你的工作，他们关心的是如何得到一份工作。

如果有人一次将自己的简历投给300家不同的公司，这就是一个危险的标志。他不是你所需要的人才，他根本不了解你的公司与别的公司有什么不同。

如果你的招聘就是建立在这一堆垃圾邮件之上，那么你就搞错了招聘的重点：你要招的是一个特别的人，这个人要特别关心你的公司、你的产品、你的客户，以及你提供的职位。

那么，该如何找到合适的人选呢？第一步就是要看求职信。在求职信里你能看到真正的交流，而不是一堆技巧、动词以及无关经历的罗列。一个求职者不可能炮制几百份不同的求职信。因此，求职信比简历更适合用来作为判断一个人的标准。你能在求职信里看到人们的真实想法，能够鉴别他们的理念是否和你以及你的公司合拍。

要相信自己的本能反应。如果求职信的第一段就写得很烂，那么后面可能更糟糕。如果前三段里没有任何亮点，那么这个人可能完全不适合这份工作。换句话说，如果你的本能告诉你这个人有戏，那么就进一步约他面谈吧。

WHAT DOES

YEARS EXPERIENCE MEAN *anyway?*

↑ 5 年工作经验意味着什么?

多年的无关经验

我们经常在招聘广告上看到诸如“要求 5 年工作经验”之类的描述。这只是给出了一个数字，但是没有任何实质意义。

当然，招聘时要求具有基本经验水平是没错的。可以把目标放在那些具有半年至 1 年工作经验的应聘者身上。要养成一定的工作习惯、掌握工作方法、学习相关技巧，确实至少需要这么长的时间。

但是在那之后，成长曲线就开始趋于平缓了。一个具有 6 个月工作经验的应聘者和一个具有 6 年工作经验的应聘者相比，其差别小得令人吃惊。真正的差别来自个人的努力程度、性格差异以及智力水平。

那么如何评估这些方面呢？ 5 年工作经验意味着什么呢？如果你在好几年前花几个周末的时间去试着做了某些事情，是不是能把这些算作 1 年工作经验？公司又该如何证实这些说法？这种说法就是浑水摸鱼。

现在已经不是以时间长短论英雄的时候了，真正重要的是他们到底做得有多好。

GPAs DON'T MATTER

↑ GPA 成绩不重要

常规教育不值一提

我从来不把我自己受过的正规学校教育等同于我的受教育程度。

——马克·吐温

很多公司都对受教育水平有明确要求。他们只招聘具有本科及以上学历（有时候还有专业限制）的人，要求 GPA（高中生平均成绩）高分或其他特殊的认证及条件。

省省吧！象牙塔外面有大把的聪明人，不要以为只有在重视考试分数的“重点”高校里才能找到你需要的人才。目前美国 500 强企业的 CEO 中，有 90% 是没有在常青藤学校接受过本科教育的。事实上，在威斯康星州立大学读过书的 CEO 比在哈佛（这个最具代表性的重量级常青藤名校，只培养出 9 位 CEO）读过书的 CEO 要多得多。①

在学术界待得太久了对你没什么好处。以写作为例，当你从学校出来时，你得抛掉过去学到的多种写作方法，你得从记忆中抹掉这些可能会误导你的教导：

- 文章越长越好。
- 严谨、正式的语句比随意交谈式的语句强。
- 华丽的词语会令你的文章印象深刻。

---

① Carol Hymowitz, “Any College Will Do,” Wall Street Journal, Sept. 18, 2006, online.wsj.com/article/SB115853818747665842.html

- 你得写够一定的字数或页数才行。
- 文章格式和内容同等重要，甚至更重要。

无怪乎很多商业文件都写得这么干巴巴、啰里啰唆、废话连篇。这些作者都是在继续“发扬”其在学校里培养出来的坏习惯。不只是写作，很多在学术上十分有用的技巧，在现实世界中也一文不值。

结论：现实世界中的人才库要远远大于考高分、上大学的那一拨人。不要忽略了这些人，虽然他们的 GPA 成绩不高、毕业于社区大学，甚至只读过高中。

DELEGATORS ARE DEAD WEIGHT

↑监工型的人就是累赘

人人都得干活儿

在一个小团队里，你需要的是干活儿的人，而不是监工。每个人都得做事，没有人可以袖手旁观。

这就意味着你在招聘中要避免招到监工型的人物，这些人喜欢对别人谆谆教导。对于小团队来讲，监工型的人就是累赘。他们想出各种事情让别人去做，在丢下自己的工作去安排别人时，他们制造出了更多的工作——不管这些工作是否需要去做。

监工们还喜欢把人拖去开会。实际上，会议是监工们最好的朋友，因为只有在开会时才显示出他们的重要。与此同时，每个被他们拉去开会的人都没办法踏实干活儿了。

↑聘用独当一面的经理人

聘用独当一面的经理人

独当一面的经理人有自己的目标，并能够坚定地执行这些目标。他们不需要过多的指导，也不需要每天检查。他们做的都是经理人该做的事情——定基调、派任务、做决策，等等——但都是亲力亲为，自我审查。

有了这些人，你就省去了失察之苦，他们能自己确定方向。只要把他们扔在那儿干活，你就会惊讶于他们的工作效率。他们不需要手把手的指导或监督。

怎样才能找到这样的人才？方法就是看他们的背景。他们在做其他工作时都有自己独特的基调，他们自己运营过业务，也亲自做过某些项目。

你需要那种能够变图纸为实物并能实干到底的人。一旦找到这样的人，你的团队就能从管理中解脱出来去做更多的工作了。

HIRE THE BETTER WRITER

↑ 招聘笔杆子

招聘笔杆子

如果你准备在一堆人中挑出一个人来做某份工作，那就挑文章写得最好的那个。至于他有没有做过市场、销售、设计、编程或其他什么工作并不重要。这种人的写作才华就值得雇用。

这是因为，一个优秀的写手，其优点并不仅仅在于写作。文法清晰代表思路明晰。优秀的写手都懂得如何与人沟通。他们使事情变得易于理解，他们善于换位思考，懂得抓重点、砍枝节，这些都是合格的应聘者身上应具备的特点。

今天，社会上再次掀起了写作热潮。你可以看到有多少人不用电话聊天，而是转向写电子邮件和文本消息。也可以看看有多少人选择通过即时消息和博客进行交流。如今，会写就代表会思考。

THE BEST ARE

EVERYWHERE

↑高手遍布世界各地

高手遍布世界各地

因为距离遥远而拒绝录用高手，这简直就是疯了，特别是在线上交流如此方便的今天。

我们的总部在芝加哥，但是有超过一半的团队成员分布在世界各地。西班牙、加拿大、爱达荷州、俄克拉何马州等各个地方都有我们的人。如果只局限于招聘芝加哥本地的人，我们的团队可能就会失去大半的高手。

要想使你的远程团队彼此保持联系，每天就得安排几小时的共同在线时间。如果大家住在不同的时区，那么这样做就比较困难。如果面临这种情况，可能就得提前或推迟个别人的工作时间，这样大家才能碰到一起。当然，你不需要每天 8 小时都碰头工作。（事实上，我们发现不完全碰在一起比较好——这样一来，你就能拥有更多的独立工作时间。）2~4 小时的共同工作时间就足够了。

同样，团队成员应该时不时地见一下面。你们彼此至少应该每隔几个月见一次面。我们一般会尽力确保我们的团队在一年之中能见几次面。这几次碰面是我们讨论程序、评议对错、计划未来、加深感情的绝佳机会。

地理上的距离不重要，不管距离多远，你都可以把最好的人才引入你的团队。

试用期必不可少

面试的作用毕竟有限，有些人看起来很专业，但做起事来却很出人意料。你得评估他们的实际工作能力，现在能做什么，而不是迷信他们自称过去做过什么。

最好的评估办法就是看他们的实际工作情况。把他们安排到一个小项目中，哪怕是只有 20~40 个小时的项目也好。你从中能观察到他们如何决策，你能发现他们如何提问，你能通过他们的实际行动而非口头承诺来对他们进行判断。

你甚至可以建立一个虚拟项目。在南卡罗来纳的工厂里，宝马公司建立了一条模拟装配生产线，让那些求职者在这里实际操作 90 分钟，完成和汽车有关的各种工作。[①]

塞斯纳（Cessna）飞机制造公司针对待聘经理人安排了一个角色扮演练习，主要是模拟高管的一天工作安排。候选人要处理备忘录，通过电话解决客户的问题，并处理其他问题。塞斯纳通过这种方法招聘了上百人。[②]

这些公司都十分清楚，一旦进入实际工作环境当中，一个人的真实水平就会体现出来。翻看作品、阅读简历、约见面试，是一回事；实际和人搭档干活儿，又是另一回事。

---

① Peter Carbonara, “Hire for Attitude, Train for Skill,” Fast Company, Dec. 18, 2007, www.fastcompany.com/magazine/04/hiring.html

② 同上。

REWORK 救灾篇

DAMAGE CONTROL

OWN your BAD NEWS

↑主动掌控负面新闻

主动掌控负面新闻

一旦出了事故，就会有人出来爆料。但如果是由你亲自来说，结果会好得多。否则，你就只能眼睁睁地看着流言四起、传闻满天、假象频传。

出现问题时，应该马上告诉你的客户（即使他们一开始并未察觉）。不要以为自己可以掩盖真相，纸是包不住火的，你不出来承担，就会有人揭发你。如今，他们会把丑闻贴到网上，然后大家都知道了，现在根本不存在什么秘密。

如果你够坦荡，够诚实，够公开，危机应变速度够快，人们就会更加尊重你。不要把头缩回去，也不要苦苦压制坏消息，应该让你的顾客尽可能拥有知情权。

回顾一下 1989 年，“埃克森·瓦尔迪兹号”（Exxon Valdez）油轮在阿拉斯加威廉王子湾发生漏油事故，1 100 万加仑的原油泄漏。埃克森公司犯下了大错，它拖了很长时间才采取应对措施、向阿拉斯加派出救援队。埃克森公司的主席直到漏油后两周才到达现场。公司选择在阿拉斯加的一个小镇瓦尔迪兹发布了简短的新闻，这是一个新闻媒体很难到达的偏远小镇。其结果则是：造成了公关危机，公众认为该公司不但隐瞒事实，还对发生的事故漠不关心。[①]

和埃克森公司的做法相反，阿什兰（Ashland）公司当时也有一

---

① Reyna Susi, “The Exxon Crisis, 1989,” Effective Crisis Management, iml.jou.ufl.edu/projects/Fall02/Susi/exxon.htm

艘油轮在匹兹堡附近的河中发生断裂，泄漏了不少原油。阿什兰的主席，约翰·霍尔（John Hall）亲自到原油泄漏现场指挥清理工作，并承诺把一切收拾干净。他访问了新闻总局，向媒体说明了公司的行动计划，并且不回避任何问题。于是，在一天的时间里，他就把公司形象从“污染环境的差劲石油公司”扭转成了“努力善后的优秀石油公司”。[①]

针对如何自行掌控负面新闻，我们接下来给出一些小贴士：

- 要由公司高层来发布消息，而且要由公司内职位最高的人来强有力地控制局面。
- 消息要广为传播，想尽一切办法将消息传递出去，别尝试隐瞒事实真相。
- 千万别说“无可奉告”。
- 要真情实意地表达歉意，要尽量详细地说明情况。
- 要真切地关心客户的遭遇——然后要证明自己真的在对客户负责。

---

① John Holusha, “Exxon’s Public-Relations Problem,” New York Times, Apr. 21, 1989, www.tinyurl.com/yg2bgff

↑速度改变一切

速度改变一切

“您的来电对我们非常重要，感谢您的耐心等候，我们将在 16 分钟内给您回复。”劝你还是省省吧！

在客户服务这一领域，最重要的事情就是快速响应。你也许想不到这会在多大程度上扭转糟糕的局面，变坏事为好事。

你是否曾经给一家公司发过电子邮件，然后要等上好几天甚至好几个星期才得到回复？你会有什么感觉？如今，人们已经对此习以为常。人们习惯了被安排在等候队列里，习惯了“关心用户”这种虚伪的陈词滥调。

于是，很多客户在进行客服咨询时，会语气不恭，有些人甚至会语带威胁或对你指名道姓。不要把这当成是对你的人身攻击，人们只是觉得只有用这种办法，才能引起客服人员的注意。他们像一只只嘎嘎作响的轮子，需要你给他们上点儿润滑油。

一旦你快速答复，他们的态度就会来个 180 度的大转弯，立马开心起来，变得很有礼貌，通常都会对你表达出热切的感激。

当你针对客户的个体情况予以回复时，这一点尤其明显。客户们厌倦了千篇一律的标准答案，你只要在回答时稍微用用脑子，让客户知道你在认真倾听，就会让人觉得你与众不同。即使你还不能找出一个完美的答案，说一句：“我们会研究一下您说的问题，回头再联系您，好吗？”也会收到意想不到的效果。

↑ “对不起。”
“对此给您带来的不便我们深感抱歉……”

如何道歉

这个世界上没有绝妙的道歉法则，却有着无数雷人的道歉方式。

最糟糕的一种就是非道歉式的道歉，它听起来像是在道歉，实际上并没有真正接受人们的指责。例如，“如果让您感到失望，我们非常遗憾”，或“如果您觉得我们没有达到您的要求，非常抱歉”诸如此类的话语。

一句真诚的道歉，是要承担责任的。这里面不能附加任何“如果”之类的条件。道歉时要详细解释发生的一切，要说明你将采取什么措施来防止这样的事情再次发生。道歉就是要找到一个办法去纠正错误。

还有一种很糟糕的道歉方式：“对此给您带来的不便我们深感抱歉。”噢，拜托！让我们分析一下糟糕在哪里：

“我们对……感到抱歉。”如果你在地铁里把咖啡不小心洒到别人身上，你会说“我很抱歉”吗？不会，你肯定会说：“真是太对不起啦！”好吧，如果你的服务对客户来说至关重要，服务中断，就好像把热咖啡泼在他们身上一样。现在你再选择一种合适的语气和词语来表示自己了解情况的严峻吧。同样，要由负责人亲自出来担当，“我”道歉的效果要远远胜于“我们”道歉的效果。

“任何不便……”如果客户对你的服务依赖性很高，却又被中断了服务，这就不仅仅是不便了，这是你大祸临头的开始。在杂货店门口排长队可以被称为“不便”，这个可不行。

“可能会引起……”这个“可能”在这里隐含着可能根本不会发

生任何事情的意思。这是一种非常经典的“非道歉式”道歉行为。对客户遇到的问题轻描淡写，一笔带过。如果没有造成任何影响，你什么都不用说；如果造成了影响，这里更不应该用“可能”这种字眼。别再犹豫了！

那么最好的道歉方式是什么呢？没有神奇妙方，任何设计好的答案都会显得俗气、虚伪。你得在就事论事的基础上进行道歉。

在道歉时，脑子里必须记住的第一条原则就是：如果换作你，你会是什么感觉？如果有人对你说这些话，你会相信他们吗？

要当个聪明人，这一点一定要铭记在心。如果你得不到人们的信任，那么再诚恳的道歉也没有用。你在事情发生前做的每一件事，都远比你事后的任何言语要重要得多。如果你和客户的关系还不错，他们会放你一马，并且相信你是真心悔过。

EVERYONE ON THE FRONT LINES

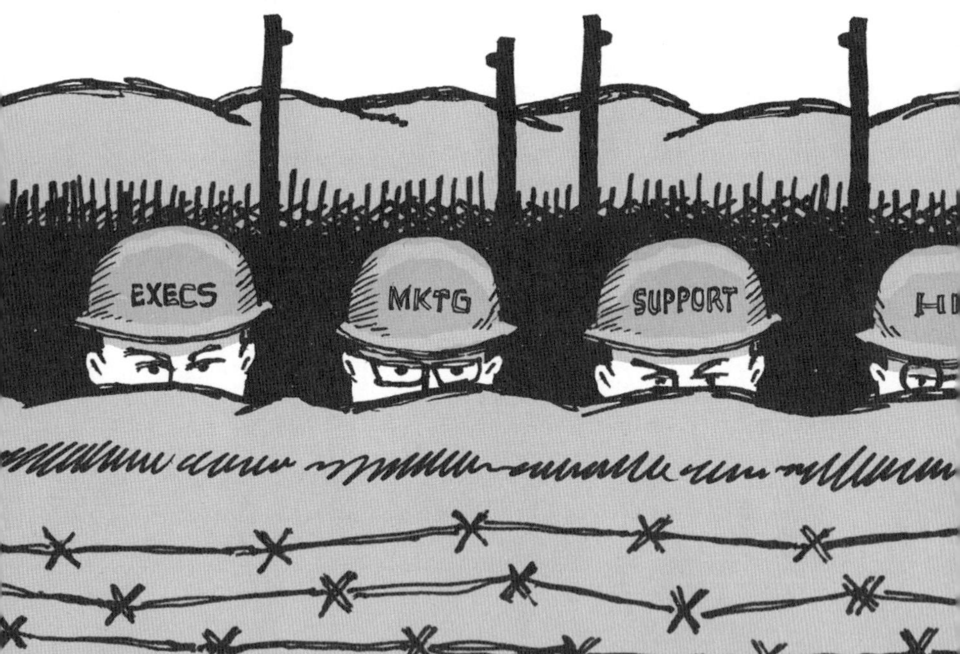

↑让每个人都上前线

让每个人都上前线

在餐饮业中，厨房之内和厅堂之上完全是两个世界。烹饪学校和一些聪明的餐馆老板深知在这两个世界之间建立起理解桥梁的重要性。因此，他们经常让厨师到大堂当一段时间的服务员。这样，内厨人员就能和客户互动，了解当前的实际状况。

许多公司也存在着类似的前台与后台的区别。制造产品的人在“内厨”工作，而客服人员则负责处理客户关系。不幸的是，这样的工作方式就意味着制造产品的“厨子”永远没有机会直接听到客户的意见。这太糟糕了，听取客户意见是掌握产品优缺点的最佳途径。

让我们看看小朋友的“传话”游戏。10 个小朋友坐成一圈，一句悄悄话从第一个小朋友开始往后传，当传到最后一个小朋友时，原来的信息已经面目全非——往往变得十分有趣。开始的时候句子很正常，但到了最后却成了“通心粉哈密瓜能知晓未来”。参与游戏的人越多，最后的信息越离谱儿。

在你的公司也是一样。你和客户之间传话、干活儿的人越多，信息在传递途中就越容易丢失或被扭曲。

团队中的每一个人都应该直接与客户联系——也许不需要每天如此，但是至少每年得联系几次。这是让你的团队直接了解客户内心感受的唯一途径。感同身受的团队才有动力去解决问题。从另一个方面说，帮助客户解决问题后的愉悦感和成就感，也能大大鼓舞队员士气。

所以，不要在工作人员和客户反馈之间设立屏障。没有人可以躲在壳子里面，对客户的意见充耳不闻。

你也许觉得自己没有时间去和客户进行互动，那就挤时间出来。直到今天，克雷格列表的创始人克雷格·纽马克（Craig Newmark）还在亲自回复客户的电子邮件呢（并且都是在几分钟内就回复的）。他还会随时删除网站讨论区里有种族偏见的帖子，以及纽约城市中介机构（New York City Realtors）发布的虚假公寓租赁信息。[①] 如果连他都能在客户服务上投入这么多精力，我相信你也能。

① Scott Kirsner, "Craigslist' s Unorthodox Path," Boston Globe, June 15, 2008, www.tinyurl.com/4vkg58

TAKE a DEEP BReath

↑深深深呼吸

深深深呼吸

当你改变现状的时候，就会激起波浪。当你推出新功能、改换新政策或去掉什么东西时，就会引发膝跳式思维反应。一定要克制住恐慌或马上应对的冲动。一开始都会有情绪波动，这很正常，但是当你安然摆脱前面几天的困境后，事情就自然而然地解决了。

人们都是习惯型生物，正因为如此，他们才会有负面的声音。他们习惯了用一种特定的方法去使用一种产品，任何改变都会打乱他们习惯成自然的行为秩序。因此他们会抗拒、会抱怨、会要求你把一切恢复原状。

但这并不意味着你要俯首听命。有时候你需要对你的决策信心十足、勇往直前，即使这个决定一开始并不受人欢迎。

人们往往还没有给你一个公平的改变机会，就抢先做出回应了。一开始的否定反应往往是出于原始本能，因此你常常会听到诸如“这是我见过的最糟糕的东西”之类的说法。不，根本不是这样，只是一个小小的改变而已。加油！

还要记住一点，负面的声音似乎永远比正面的声音要强烈得多。事实上，即使大多数客户对改变十分满意，传到你耳朵里的也仍旧多是否定的声音。

因此，当听到人们的抱怨时，可以搁置一会儿。让人们知道你在倾听，让他们明白你了解他们的想法，让他们清楚你理解他们的不满。但要告诉他们，你打算继续一段时间，看看会发生什么。也许最后你会发现人们改变了观点，一旦习惯了新事物，他们更有可能喜欢上你做出的改变。

REWORK 文化篇

CULTURE

CULTURE
IS THE BY-PRODUCT
of CONSISTENT
BEHAVIOR

↑企业文化是一贯行为的副产品

企业文化不是由谁创造的

快餐式的企业文化是人为制造的，它们由大量的使命宣言、声明、条条框框所组成，它们如此肤浅、丑陋和虚伪。人为制造出的企业文化只是一幅画，而真正的企业文化却是时光打磨出的佳作。

你创造不了企业文化，企业文化是自然生成的。这就是新公司往往没有企业文化的原因。企业文化是一贯行为的副产品。如果你鼓励人们去分享，那么分享就会成为你公司文化的一部分；如果你回报他人的信任，那么信任就会成为企业文化的一部分；如果你善待客户，那么善待客户也会成为你的企业文化。

企业文化不是同僚之间打打桌面足球，或是通过拓展运动就建立起来的；也不是通过公司政策强制执行出来的；更不是在圣诞节活动中或公司野餐会上交流出来的。那些都是对象，是事件，不是企业文化。企业文化同样也不是标语，企业文化是行为，不是语言。

所以，不要过多担心企业文化的事情，不要去强求，你无法给企业安装一种文化。企业文化就像上好的苏格兰威士忌一样，你得给它时间去酝酿。

decisions are Temporary

↑决策都是临时性的

决策都是临时性的

“这该怎么办？”“如果这件事发生了怎么办？”“我们是不是该为某事计划一下？”

不要为还没发生的事情自寻烦恼。没有真正出现的问题统统不是问题。再说了，你担心的大多数事情都不会真的发生。

还有，你今天做的决定也不会一成不变。如果你现在的任何决定都要维持好几年不变的话，那么许多绝妙的点子、有趣的政策或值当的实验都会被轻松扼杀掉了。事实并不是这样，尤其对小企业来说。环境变了，决策也会随之改变，决策都是临时性的。

在这个阶段，去担心你的概念是否会从影响 5 个人发展到影响 5 000 人（或从 10 万人发展到 1 亿人），都属于愚蠢的表现。把产品和服务落到实处就已经够困难的了，不要再旁生枝节。把握现在，把未来的事情留到以后去操心好了。

保持公司小规模的最大优势之一，就是具有强大的转向能力。和大型公司相比，小公司更容易做出快速转变。大型公司行动起来没有那么迅速，因此，你只要关注当前，等船到桥头时再去考虑如何打直吧。否则，你就是把时间、精力和金钱统统浪费在杞人忧天上。

BUILD A ROCKSTAR ENVIRONMENT

↑打造造星环境

跳过摇滚明星

很多公司的招聘广告都在寻找“摇滚明星”或“忍术高手”。除非你的办公室里挤满了乐队粉丝或是堆满了投掷的飞镖，否则这些招聘要求和你的公司一点关系也没有。

别再想着怎么去弄来一屋子摇滚明星了，还是想想该怎么收拾这间屋子吧。我们既能把工作搞砸，也可以做得平淡无奇，还能够做得有声有色。想要把事情做得有声有色，工作环境的影响远远超过了大多数人的想象。

这并不是说人人生而平等，只要有好的造星环境就能把普通人打造成巨星。但是不当的公司政策、错误的决策方向和令人窒息的繁文缛节确实埋没了很多人的潜能。把这堆垃圾扔掉，你就会发现人们早就准备摩拳擦掌大干一场了。他们需要的只是机会而已。

我们要谈的不是“休闲星期五”或“带宠物上班日”。（当然，如果这主意真有这么棒，为什么不每天都这样做呢？）

巨星环境的生成源于信任、自律以及责任感，是给予员工充分的隐私权、空间以及必备工具的结果。良好的工作环境，显示了对其中的工作者以及他们工作方式的尊重。

↑员工不止 13 岁

员工不止 13 岁

当你把员工当孩子看时，人们就会像孩子一样行事。然而，很多公司以及经理人正是这样对待自己的员工的。员工们在做任何事情之前都必须向上级申请以求批准。他们的每一笔小额开销都得上报审批。我很吃惊他们居然可以不经批准就去上厕所。

当公司里事事都要上报审批时，你就创造出了一种无脑文化。你成功地制造出了老板和员工之间的对立关系，这种关系在咆哮着："我不相信你！"

当你处处限制员工时，比如，禁止他们在上班时访问外部网站或上 YouTube 看视频，你会得到什么好处？你什么都得不到。这段开小差的时间不会奇迹般地变成努力工作的时间，他们会找其他的方法来消磨时光。

瞧瞧，你无论如何也不可能要求人们一天 8 小时分秒不差地全在工作，那只是个传说。他们可能会在办公室里待满 8 小时，但是他们不会真正一直工作 8 小时。人们需要开开小差，这有助于打破整日的枯燥单调。花一点点时间上上 YouTube 或脸谱网（Facebook）不会失去什么。

接下来我们再谈谈你要花多少时间和金钱来监管员工。安装监控软件得花多少钱？IT 员工得浪费多少时间去监视员工，而不是去做更有价值的实用项目？你浪费了多少时间去写无人看的规章制度？看看这些成本，你很快就会意识到：对员工的不信任才是最大的开销。

SEND PEOPLE HOME at FIVE

5 点准时放人

很多公司心目中理想的员工是：20 多岁，没有业余生活，1 天工作 14 小时，在办公桌下打地铺过夜也不会崩溃。

但是，如果办公室里全是这种疯狂的夜猫子，似乎也并不像看起来那么美好。这让你糟糕的管理能力侥幸蒙混过关，制造出了一个“这是我们能与竞争对手抗衡的唯一办法”的歪理邪说。你需要的不是工作得更久，而是工作得更高效。

当人们家里有事时，他们会在办公时间内把活儿干完，因为家里还有事情等着他们去做。他们要接孩子、要参加唱诗班的活动，所以必须聪明地安排时间。

就像谚语说的：“想要做成一件事，就去找你能找到的最忙碌的人。”你需要忙忙碌碌的人、需要有业余生活的人、需要关注好几件事情的人。你不能期望工作成为一个人生命的全部——至少你不愿意长期和这样的人共处。

↑规章制度是组织机体上的伤疤

不要矫枉过正

人们容易犯的第二个错误就是出于本能去制定规章制度。“有人穿短裤上班！？我们得制定一个着装规定！”不，没必要。你只要告诉约翰不要再穿短裤上班就行了。

规章制度是组织机体上的伤疤。它们是针对一种不太可能再次发生的情况而做出的过激反应，是对个人过失的一种集体惩罚。

官僚主义便是因此而产生的。没有人一开始就想要官僚，这些东西都是慢慢侵蚀进来的。每次制定一项规章制度——也就是伤疤——官僚主义就滋生一点。

所以，不要一受伤就急着结疤，不要因为一个人的一次错误而去制定规章制度。只有当一件事情反复发生时，才需要为之制定规章制度。

↑发出你的心声

发出你的心声

生意人虚张声势的时候会给人什么感觉？都是些僵硬的措辞、官方的腔调、虚伪的友善、法律术语等。你一定看过这些玩意儿，就好像是机器人写出来的东西，这些公司在向你发话，而不是和你对话。

这种专业主义面具让人觉得可笑，大家都清楚，但还是有小公司在争相效仿。他们认为，虚张声势的告白能让他们看起来更大、更“专业”，事实上这只会让他们看起来更滑稽。此外，这种做法剥夺了小公司最大的一项资产：无须法律部或公关部对公司言论进行审核，就能简单直接与客户沟通的能力。

做真实的你没有什么不好。诚实方为明智之举。你给人家留下的第一印象就是你的言论——为什么要以谎言开局呢？不要害怕做自己。

我们这里提到的言论包括了你在方方面面可能使用的语言——电子邮件、包装纸、面试、博客文章、报告，等等。要像和朋友聊天一样去和客户交流。解释问题时要让人觉得仿佛你就坐在他们身边。说话时要避免“专业化”和“商业化”的术语。普通词汇能表达的事情就不要用流行术语去表达。不要把“货币化”和“透明度”挂在嘴边，换成“赚钱”和“诚实”就好了。一句话能用 4 个词说完的，就不要用 7 个词。

还有，不要强迫你的员工在电子邮件末尾附带上类似“此邮件仅供收件人阅读，可能包含保密信息或特权信息”的法律声明。这就好像把公司所有的电子邮件末尾都加上一个标签，上面写着“我们不相信你，我们随时会把你弄上法庭让你见识见识”。想用这种方式交朋友？我们只能祝你好运了。

东西是写给人看的，不是应试作文。不管你写的是什么，都要自己大声地读出来，看看有没有和别人当面谈话时的感觉。如果没有，就想想怎样才能使它更加口语化。

谁说写文章必须正式？谁说写作不能保留个性？忘掉那些规则，开始交流吧！

写东西的时候，不要觉得这是写给天下所有人看的，只要想着一个人，就为这个人而写。安民告示往往流于平淡和尴尬的境地，而针对某个目标去写，就很有可能一矢中的。

↑避开词汇雷区

需要避开的词汇

在生意场上有些词汇永远不要去使用。它们不是那些不文明用语，而是“得”、“必须”、“不能”、“简单”、“只要”、“只有”以及“赶快”。这些词会损害交流。它们就像憎恨的代名词，为良好的互动交流埋下了一个个地雷，耽误了项目的进展。

使用这些词汇后，交流便处在了“非黑即白”的状态下。但真相往往不是非黑即白的，所以人们会感到沮丧，问题也会滋生，从而带来了不必要的压力和冲突。

以下就是它们的毛病所在：

得。不要轻易地说“得”，最好说“也许”或“你对这个是什么看法？”或是“这个主意听起来怎么样？”或是“你觉得我们能不做这个吗？”

不能。当你说“不能”时，其实也许能行。有时候“不能”是相对的，比如，“我们不能这样开始，因为这样不对”，另一种说法则是“我们不能再花时间在这上面了，因为我们必须开始”。这两种说法都不是实情。或者可以再等等看，是吗？

简单。简单是用来形容别人工作的一个词。“你做起来一定很简单，对吗？”但是你要注意，很少有人用简单来形容自己的工作。对你来说，这表示“让我们来看看该怎么做吧”。但是对别人来说，这个词意味着“给我搞定它！”。

这些词经常在讨论中蹦出来（你还要注意它们的近义词：“每个人”、“没有人”、“总是”以及“绝不”）。一旦出口，想要寻找解决方案就难上加难了。这些词把你逼进死角，你必须在两个相反的极端中选择一个，等于逼着你去和他人对着干，不留一丝余地。

尤其是当你把这些词连在一起使用时："我们现在就得把这个功能加进去，没有这个功能我们就不能继续了，每个人都想要它，这只是小事一桩，所以应该很简单，你应该能够很快把它做出来。"就这么区区 60 个字，却可引出 100 种假设，这就是祸端。

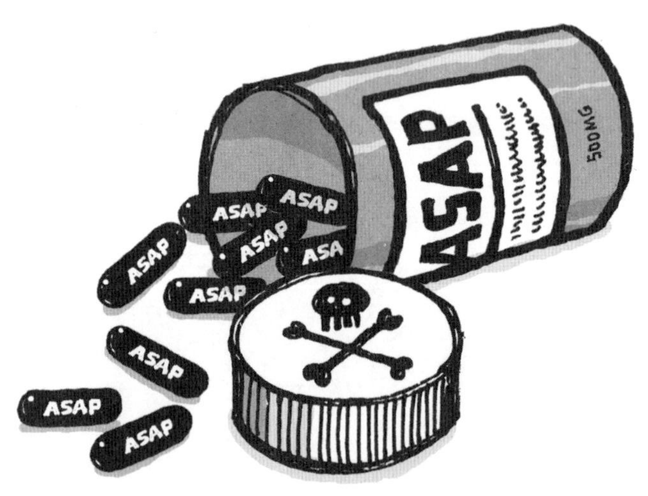

↑越快越好是毒药

越快越好是毒药

不要再说“越快越好”（ASAP）[①] 了，我们知道了，这是明摆着的事儿，每个人都希望越快越好。

当你事事要求别人“越快越好”时，你就是在表示每件事都是优先级别最高的，如果每件事都是急事，那就没有急事了。（这点比较搞笑，在你真正开始区分轻重缓急之前，怎么可能事事都是最高优先级别呢？）

ASAP 具有通货膨胀性。它将那些不带 ASAP 标签的事情贬值。在你意识到这一点之前，想要做任何事都得先贴张 ASAP 标签在上面。

当你歇斯底里地叫嚣每件事都很重要时，如果一项任务没有马上完成，不会有人死掉，不会有人失业，不会让公司浪费一大笔钱，那么给它贴上这种标签，就纯属矫揉造作。唯一带来的影响就是人为地制造压力，并导致员工提不起精神，甚至更糟。

因此，慎用你的紧急命令，留到真正有急事时再说，也就是在如果无动于衷就会引起直接的巨大反应时再说。而对于其他的事情呢，就要放轻松。

---

① ASAP，as soon as possible 的简写，意为尽快、越快越好。——编者注

REW总结篇RK

CONCLUSION

↑ 灵感稍纵即逝

灵感稍纵即逝

我们都有想法，想法是不朽的，一直都会存在。

最不可能长存的就是灵感。灵感就像新鲜水果或牛奶：有一定的保质期。

如果你想去做一件事，就得马上下手。不能把这事搁置起来过两个月再考虑。不要对自己说“以后再说吧”。以后，你压根儿不会再提这件事了。

如果你的灵感是在周五驾临，那就放弃周末，直奔主题。当你为了这个灵感而亢奋时，就能够在 24 小时内做完两个星期的工作。从这一点来讲，灵感就是时光机。

灵感是个奇妙的东西，是效率放大器，是推进器。但是它不会停下来等你。灵感转瞬即逝，当它来找你时，要立即把它捕捉住，将其投入工作中去。

谢谢阅读

我们希望本书能激发你的欲望，修正你做事的方法。如果你做到了，请发邮件到 rework@37signals.com，让我们分享你的经历。我们期待着你的来信!

有关 37signals

37signals 公司

www.37signals.com

有关 37signals 和我们设计、开发的产品。

《重来》网站

www.37signals.com/rework

本书官方网站。

Signal vs.Noise

www.37signals.com/svn

我们公司的博客，主要讨论商业、设计、文化等主题。

37signals video

www.37signals.com/video

37signals 的报告和演说。

订阅 37signals 时讯

www.37signals.com/subscribe

新产品、折扣等各种快报（大约半个月发送一次）。

我们关注的焦点

www.37signals.com/stuffwelike

我们关注的书籍、网站以及其他玩意的列表。

公司邮箱

rework@37signals.com

37signals 的产品

Basecamp

www.basecamphq.com

管理项目，加强团队与客户合作。

Highrise

www.highrisehq.com

跟踪合同、线索以及交易，有备无患。

Backpack

www.backpackit.com

在公司内部整理并共享信息。

Campfire

www.campfirenow.com

远程团队即时交流及文档、代码共享工具。

Ta-da List

www.tadalist.com

让你轻松创建并共享你的待办任务。

Writeboard

www.writeboard.com

写字板是一个协同书写工具。

Getting Real

gettingreal.37signals.com

这本书由 37signals 公司创作，帮助你发现一个更聪明、更快捷、更轻松的办法来成功构建基于 Web 的应用程序。

Ruby on Rails

www.rubyonrails.org

37signals 团队开发的开源 Web 框架。

致谢

我们要特别感谢马修·林德曼（Matthew Linderman），马修是37signals公司1999年成立时的第一位员工——他和公司并肩一直走到今天。没有马修，这本书也不会面世。他不仅为本书撰写文稿，还把其他作者的不同文风统一起来，成就了这部重点突出、内容紧凑的作品。他让这本书变得更易读，当然这项工作并不好做，谢谢你，马修。

同时，我们还想感谢我们的家人、客户以及37signals公司的每一个人。以下是那些在各个方面给予我们启发的朋友的名单，其中有朋友我们甚至素未谋面：

弗兰克·劳埃德·赖特（Frank Lloyd Wright）

沃伦·巴菲特（Warren Buffett）

克莱顿·克里斯坦森（Clayton Christensen）

吉姆·库都（Jim Coudal）

欧内斯特·金（Ernest Kim）

斯科特·海福尔曼（Scott Heiferman）

卡洛斯·塞古拉（Carlos Segura）

史蒂夫·乔布斯（Steve Jobs）

比尔·马海尔（Bill Maher）

密斯·凡德罗（Mies van der Rohe）

克里斯托弗 · 亚历山大（Christopher Alexander）

肯特 · 贝克（Kent Beck）

杰拉尔德 · 温伯格（Gerald Weinberg）

朱莉娅 · 蔡尔德（Julia Child）

尼古拉斯 · 卡拉维茨（Nicholas Karavites）

理查德 · 伯德（Richard Bird）

迪特 · 拉姆斯（Dieter Rams）

罗恩 · 保罗（Ron Paul）

赛斯 · 高汀（Seth Godin）

杰米 · 拉森（Jamie Larson）

拉尔夫 · 纳德（Ralph Nader）

本杰明 · 富兰克林（Benjamin Franklin）

杰夫 · 贝索斯（Jeff Bezos）

安东尼 · 高迪（Antoni Gaudi）

拉里 · 戴维（Larry David）

迪安 · 卡门（Dean Kamen）

托马斯 · 杰斐逊（Thomas Jefferson）

里卡多 · 塞姆勒（Ricardo Semler）

詹姆斯 · 戴森（James Dyson）

托马斯 · 潘恩（Thomas Paine）

凯西 · 西拉（Kathy Sierra）

马克 · 海伦德（Marc Hedlund）

迈克尔 · 乔丹（Michael Jordan）

杰弗里 · 泽尔德曼（Jeffrey Zeldman）

朱迪恩 · 欣迪林（Judith Sheindlin）

蒂莫西 · 费里斯（Timothy Ferriss）